Michael Schubert

Generative AI zur Unterstützung des Software Development Life Cycles

Michael Schubert

Generative AI zur Unterstützung des Software Development Life Cycles

Eine Untersuchung von Mehrwerten und Nutzungsempfehlungen

Lehrbuchverlag

Imprint

Cover image: www.ingimage.com

Publisher:
Der Lehrbuchverlag
is a trademark of
Dodo Books Indian Ocean Ltd. and OmniScriptum S.R.L publishing group

120 High Road, East Finchley, London, N2 9ED, United Kingdom
Str. Armeneasca 28/1, office 1, Chisinau MD-2012, Republic of Moldova, Europe
Managing Directors: Ieva Konstantinova, Victoria Ursu
info@omniscriptum.com

Printed at: see last page
ISBN: 978-620-0-45004-3

Inhaltsverzeichnis

Abbildungsverzeichnis

Tabellenverzeichnis

Abkürzungsverzeichnis

AI	Artificial Intelligence
AIGC	Artificial Intelligence Generated Content
AIOps	Artificial Intelligence for IT Operations
APR	Automated Program Repair
ASR	Architecturally Significant Requirement
CI/CD	Continuous Integration und Continuous Deployment
CoT	Chain-of-Thought
CV	Computer Vision
DDPM	Denoising Diffusion Probabilistic Model
DGM	Deep Generative Models
DL	Deep Learning
GAI	Generative Artificial Intelligence
GAN	Generative Adversarial Network
GRU	Gated Recurrent Units
HR	Human Resources
IaC	Infrastructure as Code
IDE	Integrated Development Environment
LaMDA	Language Model for Dialogue Applications
LLM	Large Language Model
LM	Language Model
LSTM	Long Short-Term Memory
ML	Machine Learning
NL	Natural Language
NLP	Natural Language Processing
PLM	Pre-trained Language Model

QA	Quality Assurance
RE	Requirements Engineering
RNN	Recurrent Neural Network
SDLC	Software Development Live Cycle
SQA	Software Quality Assurance
SRS	Software Requirements Specification
UI	User Interface
UX	User Experience
UXD	User-Experience-Designs
VAE	Variational Autoencoder

Kurzfassung

Diese Arbeit untersucht Potenziale von Generative Artificial Intelligence (GAI) im Softwareentwicklungsprozess und wie diese effizient genutzt werden können. Konkret werden dabei die Hintergründe von GAI betrachtet und wie diese Technologie in den verschiedenen Phase des Software Development Life Cycles (SDLC) eingesetzt werden kann. Das Ziel ist es, potenzielle Mehrwerte durch den Einsatz von GAI zu identifizieren und konkrete Nutzungsempfehlungen für die Integration abzuleiten. Zudem wird der aktuelle Durchdringungsgrad von GAI in der Softwareentwicklung ermittelt.

Die Arbeit folgt einem deduktiven Forschungsansatz, der zunächst eine umfassende Literaturrecherche über GAI im Allgemeinen und deren spezifischen Einsatz in der Softwareentwicklung beinhaltet. Darauf aufbauend wird im empirischen Teil eine Online-Umfrage mit 131 Befragten durchgeführt, um den aktuellen Stand des GAI-Einsatzes und den Durchdringungsgrad in der Softwareentwicklung zu erfassen. Die Ergebnisse zeigen, dass GAI bereits eine wichtige Rolle im Softwareentwicklungsprozess einnimmt und signifikante Mehrwerte bietet, wie die Steigerung von Produktivität oder Qualität. Es bestehen jedoch Unterschiede zwischen den Phasen des SDLC. Während der Einsatz in einigen Phasen, wie in der Entwicklung, bereits umfangreich stattfindet, stehen andere, wie die Wartung, noch am Anfang der Integration.

Basierend auf den theoretischen und empirischen Ergebnissen werden praxisnahe Handlungsempfehlungen entwickelt, die Unternehmen und Einzelpersonen eine erfolgreiche Implementierung von GAI im SDLC ermöglichen. Diese Arbeit richtet sich an Fachpersonal und Entscheidungsträger, die den Einsatz von GAI in der Softwareentwicklung vorantreiben möchten.

Abstract

This thesis examines the potential of Generative Artificial Intelligence (GAI) in the software development process and how it can be utilised efficiently. Specifically, it explores the background of GAI and how this technology can be used in the various phases of the software development life cycle (SDLC). The aim is to identify potential added value through the use of GAI and to derive concrete recommendations for its integration. In addition, the current degree of penetration of GAI in software development is determined.

The thesis follows a deductive research approach, which initially includes a comprehensive literature review on GAI in general and its specific use in software development. Building on this, an online survey with 131 respondents is conducted in the empirical part in order to record the current status of GAI use and the degree of penetration in software development. The results show that GAI already plays an important role in the software development process and offers significant added value, such as an increase in productivity or quality. However, there are differences between the phases of the SDLC. While GAI is already being used extensively in some phases, such as development, others, such as maintenance, are still in the early stages of integration.

Based on the theoretical and empirical results, practical recommendations for use are developed that enable companies and individuals to successfully implement GAI in the SDLC. This work is aimed at specialists and decision-makers who want to promote the use of GAI in software development.

1 Einleitung

Dieses Kapitel dient dazu, einen Überblick über die vorliegende Arbeit zu geben. Dazu erfolgt zunächst eine Erörterung der Motivation und Relevanz der Thematik, wodurch die Aufarbeitung dieses Themenbereichs gerechtfertigt wird. Im Anschluss werden die Zielsetzung und der Aufbau der Arbeit erläutert, um einen Überblick über die Vorgehensweise und die zu erwartenden Ergebnisse zu geben.

1.1 Motivation

„Generative Artificial Intelligence (GAI)" hat in den letzten Jahren beeindruckende Entwicklungen durchlaufen und hat damit die Aufmerksamkeit der Gesellschaft auf sich gezogen (Lim et al., 2023, S. 1–2). Eine gegenwärtig sehr bekannte GAI ist ChatGPT, welche im Jahr 2022 der breiten Öffentlichkeit zugänglich gemacht wurde. Durch ihre Einführung wurde ein bislang beispielloses Wettrüsten im Bereich der künstlichen Intelligenz in Gang gesetzt. Unterstrichen wurde die Bedeutsamkeit dieser Technologie durch die Tatsache, dass ChatGPT innerhalb eines Zeitraums von nur zwei Monaten die Marke von 100 Millionen Nutzerinnen und Nutzern erreicht hat. Damit wurde dieser Meilenstein schneller erreicht als mit jeder anderen zuvor dagewesenen Technologie, wie in Abbildung 1.1 zu erkennen ist (Ebert und Louridas, 2023, S. 31). Obwohl „Artificial Intelligence (AI)" seit mehreren Jahren in diversen Bereichen wie dem Gesundheitswesen, der Finanzindustrie oder der Softwareentwicklung eingesetzt wird, gilt das Aufkommen neuer GAIs wie ChatGPT oder DALL-E als Durchbruch in zahlreichen Bereichen. Dies ist auf die einfache Bedienbarkeit, die intuitiven Interfaces sowie die Leistungsfähigkeit dieser Technologien zurückzuführen (Kanbach et al., 2023, S. 1). Dieser Fortschritt führte zu Veränderungen in einer Vielzahl von Branchen, darunter auch in der Softwareentwicklung (Chui et al., 2023). Selbst grundlegende Arbeitsabläufe, wie das Suchen von Informationen auf Webseiten wie Stack Overflow, können durch den Einsatz von GAI-Tools ersetzt werden (Ebert und Louridas, 2023, S. 31). Die aktuelle Fachliteratur konzentriert sich vor allem auf den Einsatz von GAI in den Bereichen Softwareimplementierung, Qualitätssicherung und Softwarewartung. In diesen Bereichen finden GAI-Tools wie GitHub Copilot oder Amazon CodeWhisperer bereits Anwendung (Nguyen-Duc et al., 2023, S. 2). Modelle wie der „Software Development Live Cycle (SDLC)", welche die gesamte Abwicklung von Softwareprojekten umfassen, demonstrieren jedoch, dass auch andere Phasen des Softwareentwicklungsprozesses von großer Bedeutung sind (Pothukuchi et al., 2023, S. 2–4). Diese werden zum Teil noch unzureichend durch GAI unterstützt, sodass weitere Forschungsanstrengungen erforderlich sind (Nguyen-Duc et al., 2023, S. 2). In diesem Zusammenhang stellt sich die Frage, auf welche Weise GAI in den einzelnen Phasen integriert werden kann, um Mehrwerte zu generieren. Im Rahmen der vorliegenden Masterarbeit werden Nutzungsempfehlungen von GAI für die Softwarebranche erarbeitet, um diese Frage zu beantworten. Dazu wird zunächst eine Literaturrecherche durchgeführt, um den aktuellen Stand der Forschung zu erfassen. Anschließend werden im Rahmen eines Online-Fragebogens praktische Daten zum Einsatz von GAI in Softwareunternehmen erhoben und analysiert. Die gewonnenen Erkenntnisse dienen als Grundlage für die Ableitung von Empfehlungen für den Einsatz von GAI in der Softwarebranche.

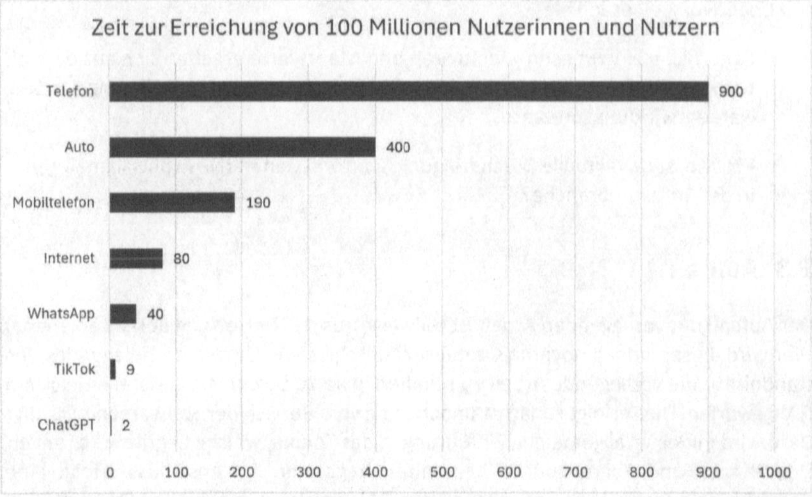

Abbildung 1.1: Dauer von Technologien zur Erreichung von 100 Millionen Nutzerinnen und Nutzern in Monaten. In Anlehnung an Ebert und Louridas, 2023, S. 2.

1.2 Zielsetzung

Die Zielsetzung dieser Arbeit besteht darin, zunächst ein allgemeines Verständnis für den Bereich von GAI zu entwickeln. In diesem Zusammenhang sind grundlegende begriffliche Definitionen, die historische Entwicklung, die Funktionsweise sowie aktuelle Herausforderungen und zukünftige Entwicklungen von zentraler Bedeutung. Dieses Wissen bildet die Basis, um den Einsatz von GAI im Bereich der Softwareentwicklung zu untersuchen. Da moderne GAI-Modelle sehr vielfältig eingesetzt werden können, ist eine präzise Abgrenzung erforderlich, um zu bestimmen, in welchen Bereichen der Softwareentwicklung der Einsatz untersucht werden soll. Diese Eingrenzung soll durch einen Fokus auf die einzelnen Phasen des SDLC ermöglicht werden. Dementsprechend sollen die potenziellen Anwendungsfälle von GAI pro Phase des SDLCs analysiert werden. Zudem soll eine Recherche zu konkreten GAI-Tools durchgeführt werden, die in den jeweiligen Phasen Mehrwerte generieren können. Die Implementierung neuer Technologien geht auch mit veränderten Anforderungen an die Anwender*innen einher, welche im Rahmen dieser Arbeit ebenfalls untersucht werden sollen. Zuletzt ist eine Erhebung konkreter Mehrwerte vorgesehen, die für den Einsatz von GAI in der Softwarebranche sprechen. Das Ziel des empirischen Teils dieser Arbeit besteht darin, Praxisdaten zu erheben, um einen Einblick in die aktuelle Verwendung von GAI-Tools in der Softwareentwicklung zu gewinnen. Zudem soll der Durchdringungsgrad von

GAI-Tools in der Softwarebranche sowie die von den Anwenderinnen und Anwendern wahrgenommenen Mehrwerte festgestellt werden.
Schlussendlich sollen durch die erhobenen Informationen die folgenden Forschungsfragen beantwortet werden:

- **F1:** Welche Nutzungsempfehlungen und Mehrwerte ergeben sich aus dem aktuellen Einsatz von Generative Artificial Intelligence zur Unterstützung des Softwareentwicklungsprozesses?
- **F2:** Wie ist der aktuelle Durchdringungsgrad von Generative Artificial Intelligence in der Softwarebranche?

1.3 Aufbau

Der Aufbau der vorliegenden Arbeit ist teilweise aus der Zielsetzung bereits erkennbar. Hier wird dieser jedoch nochmals detailliert beschrieben. Um ein grundlegendes Verständnis für die vorliegende Arbeit zu schaffen, wird zu Beginn ein genereller Blick auf GAI geworfen. Dies erfolgt zunächst unabhängig vom Bereich der Softwareentwicklung. Dazu wird mit einer allgemeinen Einführung in das Thema, welche Begriffserklärungen, Definitionen und Abgrenzungen beinhaltet, begonnen. Im Anschluss erfolgt eine Betrachtung der zeitlichen Entwicklung von GAI, welche zum aktuellen Stand geführt hat. Um die Funktionsweise und den aktuellen Stand von GAI besser verstehen zu können, wird anschließend ein Überblick über die Techniken gegeben, die den modernen GAI-Tools zugrunde liegen. Beispielsweise wird hier auf die Transformer Architektur eingegangen, welche die Basis vieler moderner GAI-Modelle bildet. Allerdings sind mit GAI auch noch einige Herausforderungen verbunden, die es zu berücksichtigen gilt und auf die ebenfalls näher eingegangen wird. Zum Abschluss der allgemeinen Betrachtung wird ein Ausblick auf zukünftige Entwicklungen gegeben, um das zukünftige Potenzial dieser Technologie zu erkennen.

Nachdem allgemeine Hintergründe von GAI erörtert wurden, erfolgt anschließend eine detaillierte Betrachtung dieser Technologie im Kontext der Softwareentwicklung. Aufgrund der universellen Anwendbarkeit von GAI erfolgt eine Eingrenzung des Einsatzbereichs mithilfe des SDLCs. Konkret wird dabei auf das Wasserfallmodell und dessen unterschiedliche Phasen eingegangen. Nachdem diese erklärt wurden, wird untersucht, wie die einzelnen Phasen durch GAI-Tools unterstützt werden können. Da die Ausarbeitung von Nutzungsempfehlungen ein Ziel der vorliegenden Arbeit ist, werden für die einzelnen Phasen zusätzlich Tools vorgestellt und verglichen, die in der Praxis eingesetzt werden können. Der Einsatz besagter Tools innerhalb der Softwareentwicklung führt zu einem Umschwung, der eine Veränderung der Anforderungen einzelner Anwender*innen nach sich zieht. Diese veränderten Anforderungen, die auf die Ausbildung zukünftiger Entwickler*innen Auswirkungen haben, werden näher beleuchtet. Abschließend werden aus den gesammelten Informationen konkrete Mehrwerte für den Einsatz von GAI in der Softwarebranche identifiziert, welche den Einsatz dieser Technologie rechtfertigen.

Im empirischen Teil der Arbeit erfolgt eine Datenerhebung zum Durchdringungsgrad von GAI in der Softwarebranche sowie zu den damit verbundenen wahrgenommenen Mehrwerten. Dafür wurde ein Online-Fragebogen erstellt, der an Personen ausgesendet wurde, die beruflich Aufgaben erfüllen, die im SDLC angesiedelt sind. Die Auswertung der Antworten verfolgt das Ziel, auf Basis deskriptiver und induktiver Statistik einen Überblick über den aktuellen Stand in der deutschsprachigen Softwareindustrie zu gewinnen. Ebenfalls kann ein Stimmungsbild der Entwickler*innen hinsichtlich ihrer Einstellung zum Einsatz von GAI erschlossen werden. Von den Ergebnissen können Handlungsempfehlungen für Unternehmen erschlossen werden. Auf Basis der erarbeiteten Theorie und den praktischen Daten werden abschließend unter Berücksichtigung unterschiedlicher Aspekte Nutzungsempfehlungen für den Einsatz von GAI in der Softwareentwicklung abgeleitet.

2 Methodik

Um die Forschungsfragen der vorliegenden Arbeit zu beantworten, wurde ein deduktiver Forschungsansatz gewählt. Im Rahmen dessen wurde zunächst eine umfassende Literaturrecherche durchgeführt, um den aktuellen Stand der Forschung im Gebiet von GAI und insbesondere im Bereich der Softwareentwicklung zu erfassen. Die Literaturrecherche erfolgte vorwiegend in den Wissensdatenbanken Google Scholar, IEEE Xplore, SpringerLink, ScienceDirect und arXiv. Die erhobene Literatur wurde anschließend analysiert und die gewonnenen Erkenntnisse für den theoretischen Teil der Arbeit in den Kapiteln 3 und 4 verwendet. Da zu den aktuellen Entwicklungen von GAI und LLMs nur eine geringe Anzahl an Büchern verfügbar ist, wurden im theoretischen Teil der Arbeit vornehmlich wissenschaftliche Artikel herangezogen.

Im Anschluss wurden basierend auf den theoretischen Grundlagen Hypothesen abgeleitet, welche den empirischen Teil der Arbeit leiten und einer Überprüfung unterzogen werden. Für den empirischen Teil wurden vor allem Bücher für die Durchführung einer Online-Umfrage herangezogen. Im Rahmen dieser Untersuchung wurden Personen, die im SDLC tätig sind, zum Einsatz von GAI im beruflichen Umfeld befragt. Die Befragung der Grundgesamtheit erfolgte repräsentativ durch eine nichtzufällige Stichprobe, wobei die Befragungsteilnehmer*innen durch eine willkürliche Auswahl in die Befragung aufgenommen wurden. Der Online-Fragebogen stand vom 10. Juli 2024 bis zum 24. Juli 2024 zur Beantwortung bereit. Insgesamt wurde die Umfrage von 189 Personen beantwortet, wovon jedoch nur 131 Rückmeldungen vollständig und somit verwertbar waren. Die Objektivität der Umfrage wurde durch eine neutrale Formulierung der Fragen sichergestellt, während die Validität durch Fragen gewährleistet wurde, die aus der Fachliteratur und den Hypothesen abgeleitet werden. Eine vollständige Gewährleistung der Reliabilität ist nicht möglich, da GAI in der Softwareentwicklung ein sich aktuell sehr schnell entwickelndes Gebiet darstellt und sich die allgemeine Meinung somit schnell verändern kann.

Nach der Aufbereitung der erhobenen Daten wurden diese in die Programme SPSS und Excel übertragen, welche zur Datenanalyse verwendet wurde. Zunächst wurde mithilfe deskriptiver Statistik ein Überblick gewonnen und die Daten in Grafiken und Tabellen übersichtlich aufbereitet. Anschließend erfolgte eine Überprüfung der Hypothesen mittels induktiver Statistik. Die Hypothesentests wurden mithilfe von SPSS und R durchgeführt und insgesamt konnte in vier von fünf Fällen die Nullhypothese verworfen und signifikante Ergebnisse festgestellt werden. Im Rahmen der Arbeit wurden die Dienste von ChatGPT und DeepL unterstützend verwendet, um Übersetzungen ins Deutsche vorzunehmen und bereits geschriebene Texte in eine akademisch hochwertigere Form zu überführen. Alle generierten Inhalte wurden vom Autor kritisch überprüft und gegebenenfalls angepasst. Der Einsatz der KI erfolgte stets ergänzend zu den manuellen wissenschaftlichen Methoden und diente nicht als Ersatz. Dadurch konnte die Qualität der Arbeit gesteigert werden.

3 Generative Artificial Intelligence

Die Fortschritte in den letzten Jahren im Bereich „Artificial Intelligence Generated Content (AIGC)" hat Aufmerksamkeit auf sich gezogen, die über den Bereich Computer Science hinausgeht. Im Vergleich zu Inhalten, die von menschlichen Autorinnen und Autoren erstellt werden, bezieht sich AIGC auf Inhalte, die durch fortschrittliche GAI-Techniken generiert wurden. Dies erlaubt es, große Mengen an Inhalten in kurzer Zeit zu produzieren. Systeme wie ChatGPT oder DALL-E von OpenAI haben das Interesse von der breiten Masse geweckt (Cao et al., 2023, S. 2–3). Insbesondere ChatGPT hat Aufsehen erregt, nachdem es eine Millionen User*innen nach nur fünf Tagen und über 100 Millionen User*innen nach zwei Monaten der Veröffentlichung verzeichnen konnte. ChatGPT ist ein durch GAI betriebener Chatbot, der auf einem „Large Language Model (LLM)" basiert. Er ist in der Lage, komplexe und unterschiedliche menschliche Sprachen als Eingabe zu verstehen und generiert darauf basierend strukturierte, menschenähnliche Antworten. DALL-E funktioniert in einer ähnlichen Weise, gibt jedoch generierte Bilder als Output zurück. Beide dieser Systeme, ChatGPT and DALL-E, basieren auf dem Konzept des Deep Learning (DL) („OpenAI", 2024), einer Unterkategorie des Machine Learning. Dabei wird versucht, die Funktionsweise des menschlichen Gehirns nachzuahmen, um zu verstehen, wie Daten und Informationen gelernt werden und wie darauf reagiert wird (Lim et al., 2023, S. 2). Auch Google hat auf diese Systeme reagiert und mit Gemini eine eigene GAI veröffentlicht, die auf fortgeschrittenen Sprach- und Konversationsfähigkeiten wie „Language Model for Dialogue Applications (LaMDA)" basiert (Pichai, 2023). Vor einer Namensänderung war Gemini als BARD bekannt (Hsiao, 2024). Anhand dieser Beispiele kann GAI beschrieben werden als "a technology that leverages deep learning models to generate human-like content (e.g., images, words) in response to complex and varied prompts (e.g., languages, instructions, questions)" (Lim et al., 2023, S. 2).

3.1 Unimodale und Multimodale Modelle

Um einen besseren Überblick über GAI-Modelle zu bekommen, ist eine Einteilung in unimodale und multimodale Modelle möglich (Feuerriegel et al., 2024, S. 113). Unimodale Modelle akzeptieren, wie der Name bereits sagt, nur eine bestimmte Rohdatenmodalität als Input, wie beispielsweise Texte oder Bilder, und erzeugen Outputs derselben Modalität wie der Input. Bekannte Beispiele für unimodale Modelle sind GPT-3 oder BART (Cao et al., 2023, S. 8). Multimodale Modelle, auf der anderen Seite, können unterschiedliche Datenmodalitäten als Quellen verwenden und auch Outputs in unterschiedlichen Formen erzeugen. Es existieren multimodale Modelle für eine Vielzahl unterschiedlicher Datenmodalitäten, z.B. für Text, Bilder oder Audio (Feuerriegel et al., 2024, S. 113). Damit spielt die multimodale Generierung eine wesentliche Rolle bei heutigen AIGC. Da die Verbindungen und Interaktionen zwischen unterschiedlichen Modalitäten jedoch sehr kompliziert sein können, ist das Erlernen multimodaler Repräsentationen für Modelle wesentlich schwerer als das von unimodalen (Cao et al., 2023, S. 13). Beispiele für multimodale Modelle sind MusicLM für text-to-music Generierungen, Stable Diffusion für text-to-image Generierungen, AlphaCode für text-to-code Generierungen oder GPT-4 für image-to-text Generierungen (Feuerriegel et al., 2024, S. 113). Abbildung 3.1 gibt einen Überblick über die Unterschiede dieser Modelle.

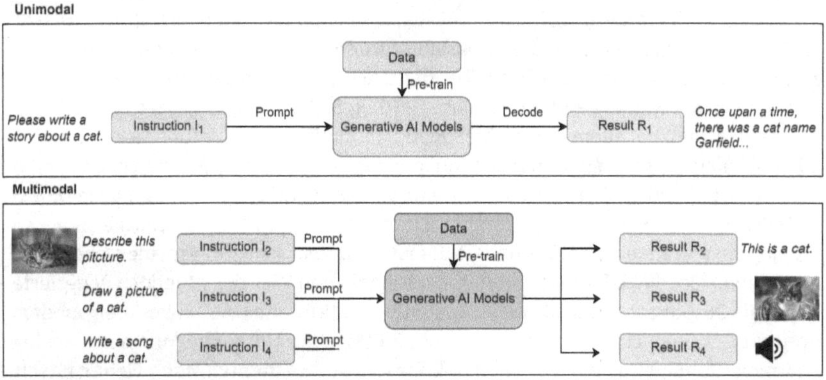

Abbildung 3.1: Unterschied zwischen unimodalen und multimodalen GAI-Modellen. In Anlehnung an Cao et al., 2023, S. 3.

3.2 Begriffliche Abgrenzungen

In der Welt von Artificial Intelligence herrscht oft Unklarheit über die Verwendung von Begrifflichkeiten und Konzepten. So werden die Begriffe AI, „Machine Learning (ML)" und „Deep Learning (DL)" oft synonym verwendet, obwohl dies nicht korrekt ist. In diesem Kapitel werden diese Missverständnisse aufgeklärt, um ein einheitliches Verständnis über die relevantesten Konzepte zu schaffen. AI kann dabei als Oberbegriff für unterschiedliche Algorithmen betrachtet werden, welche in der Lage sind, Aufgaben durchzuführen, wofür im Normalfall menschliche Intelligenz benötigt wird. Dies umfasst beispielsweise das Erkennen von Mustern, das Treffen von Entscheidungen, das Verstehen natürlicher Sprache oder das Lernen aus Erfahrungen. Frühe AI-Systeme, darunter Wissensbasen oder Expertensysteme, funktionierten regelbasiert und zielten darauf ab, Entscheidungsprozesse zu unterstützen. ML, ein Teilbereich von AI, befasst sich mit der Entwicklung von Algorithmen, die Aufgaben eigenständig durch die Auswertung von Daten lösen können, ohne explizit dafür programmiert zu werden. Im Bereich von ML lassen sich verschiedene Lernansätze unterscheiden, darunter Supervised Learning, Unsupervised Learning und Reinforcement Learning. Die jeweilige Abgrenzung erfolgt anhand der Art der Daten sowie der angestrebten Ergebnisse. Beim Supervised Learning werden Algorithmen anhand beschrifteter Datensätze trainiert, um Daten anschließend zu klassifizieren oder vorherzusagen. Der Algorithmus lernt dabei, Inputs auf Outputs abzubilden, und ist somit in der Lage, Vorhersagen über neue, bisher unbekannte Daten zu treffen. Unsupervised

Learning trainiert einen Algorithmus hingegen darauf, versteckte Strukturen oder Muster in unbeschrifteten Daten zu erkennen. Die dritte Form, das Reinforcement Learning, bringt einem Algorithmus bei, optimale Entscheidungen zu treffen, indem er durch Interaktionen mit einer Umgebung und durch Maximierung kumulativer Belohnungen über die Zeit mittels „Trial and Error" lernt. Ein gemeinsames Merkmal aller ML-Algorithmen ist ihre diskriminative Eigenschaft. Diese zielt darauf ab, Daten zu verarbeiten, um Klassifikationen, Regressionen oder Clusterbildungen durchzuführen und Entscheidungsgrenzen zu bestimmen. Beispiele für solche Algorithmen sind Entscheidungsbäume, k-Nearest-Neighbors oder Support Vector Machines (Banh und Strobel, 2023, S. 2–3).

DL ist ein fortgeschrittener Teilbereich des ML und verwendet künstliche neuronale Netzwerke, um komplexe Datenrepräsentationen zu modellieren und automatisch Muster und Korrelationen in großen Datensätzen zu erkennen. Neuronale Netze sind Rechenmodelle, die auf der Struktur und Funktion des menschlichen Gehirns basieren und aus miteinander vernetzten Schichten künstlicher Neuronen bestehen. Im DL bestehen diese Netze aus mehreren versteckten Schichten in einer komplexen Architektur, die hierarchische Merkmalsdarstellungen aus den Daten lernen, was zu verbesserten Leistungen bei verschiedenen Aufgaben führt. Damit eignet sich DL dafür, hochdimensionale Daten in verschiedenen Bereichen zu verarbeiten, von eindimensionalen Daten wie Texten, bis hin zu mehrdimensionalen wie Bilder, Videos oder Audio. Diese Fortschritte haben eine Vielzahl von Anwendungsfällen in unterschiedlichen Bereichen ermöglicht, z.B. im Gesundheitssektor, beim Umweltschutz oder bei elektronischen Märkten, als beispielsweise Empfehlungssysteme (Banh und Strobel, 2023, S. 3).

Durch technische Fortschritte im Bereich von DL sind „Deep Generative Models (DGMs)" als eine Unterklasse von DL-Modellen entstanden, welche in der Lage sind, basierend auf vorhandenen Daten, neue Inhalte zu generieren, was völlig neue Möglichkeiten für AI-Anwendungen eröffnet hat. Im Vergleich zu diskriminativen Modellen, welche sich auf die Beziehung zwischen den Merkmalen der Inputs und den Labels der Outputs fokussieren, lernen generative Modelle die inhärenten Datenstrukturen und die Generierungsprozesse. Traditionelle diskriminative Modelle konzentrieren sich also auf die Bestimmung von Entscheidungsgrenzen bestehender Daten, beispielsweise durch Klassifikation, Regression oder Clustering, wohingegen DGMs sich auf die probabilistische Generierung neuer Daten konzentrieren. Damit haben DGMs den Weg für hochwertigere generierte Inhalte im Bereich von GAI geebnet. Abbildung 3.2 liefert eine grafische Zusammenfassung der Abgrenzung zwischen den Begriffen KI, ML, DL und GAI (Banh und Strobel, 2023, S. 2–4).

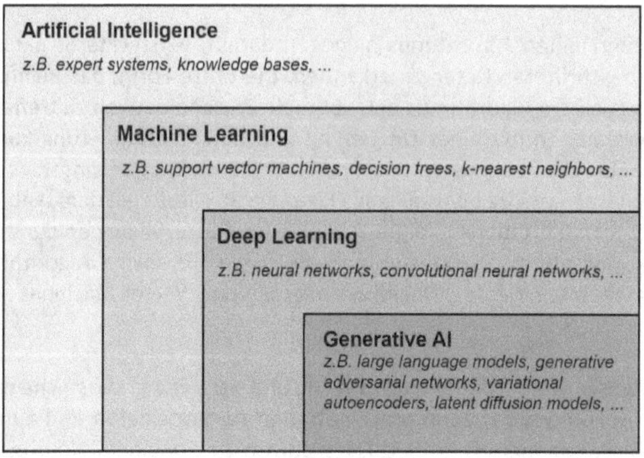

Abbildung 3.2: Abgrenzung von Begriffen im AI-Bereich. In Anlehnung an Banh und Strobel, 2023, S. 2.

3.3 Entstehung

Um die Funktionsweise von GAI zu verstehen, ist es wichtig, mit der Entwicklung bis zum heutigen Stand vertraut zu sein. Welche Etappen dabei durchlaufen wurden wird in diesem Kapitel genauer beschrieben. Die ersten Ansätze von generativen Modellen im Bereich AI existierten bereits in den 1950er Jahren mit der Entwicklung von beispielsweise Hidden Markov Models oder Gaussian Mixture Models (Cao et al., 2023, S. 4). Von den 1980er bis 1990er Jahren wurden Rule-based Systems weiterentwickelt und neuronalen Netzen wurde größere Aufmerksamkeit gewidmet. Neuronale Netze, die den Strukturen des menschlichen Gehirns nachempfunden sind, sind heute fundamentale Bausteine von GAI. Ebenfalls fand in den 1990er bis 2000er Jahren eine weitere Verbreitung von Machine Learning-Techniken wie beispielsweise Decision Trees, Support Vector Machines oder Bayesian Networks statt. Diese Techniken bildeten die Grundsteine für GAI, indem sie Mustererkennungen und -vorhersagen verbesserten (Nguyen-Duc et al., 2023, S. 5–7). Bedeutsame Durchbrüche in diesem Bereich gelangen jedoch erst mit der Entwicklung von DL, durch die höhere Verfügbarkeit von Daten und bessere Rechenleistung von Hardware, in den frühen 2000er Jahren (Kanbach et al., 2023, S. 5–6). In den ersten Phasen hatten DGMs, die auf DL basierten, in unterschiedlichen Gebieten nicht viel gemeinsam. Eine traditionelle Methode zur Erzeugung ganzer Sätze im „Natural Language Processing (NLP)" bestand darin, die Wortverteilung durch N-gram Language Modeling zu bestimmen und anschließend, die beste Wortsequenz zu finden. Diese Methode erwies sich für lange Sätze jedoch als ineffektiv. Um dieses Problem zu lösen, wurden „Recurrent Neural Networks (RNNs)" für Language-Modeling-Aufgaben entwickelt, die es ermöglichten, relativ längere Sätze zu bilden. Darauf folgte die Entwicklung von „Long Short-Term Memory (LSTM)" und „Gated Recurrent Units (GRU)", die es ermöglichten, den Speicher während des Trainings zu kontrollieren (Cao et al., 2023, S. 4).

Im Bereich „Computer Vision (CV)“ hingegen, verwendeten traditionelle Bildgenerierungsalgorithmen Techniken wie Texture Synthesis oder Texture Mapping, vor dem Aufstieg von DL. Diese Algorithmen basierten auf handgestalteten Elementen und waren eingeschränkt, wenn es darum ging, komplexe und vielseitige Bilder zu generieren. In 2014 wurde ein neuer Meilenstein in diesem Gebiet durch die Vorstellung von „Generative Adversarial Networks (GANs)“ erreicht, welche sich durch beeindruckende Ergebnisse in unterschiedlichen Bereichen ausgezeichnet haben. Andere Methoden wie „Variational Autoencoders (VAEs)“ oder Diffusion Generative Models wurden ebenfalls entwickelt, um eine feinere Kontrolle über die Bildgenerierung zu haben und hochqualitative Bilder zu erzeugen (Cao et al., 2023, S. 4).

Es ist zu erkennen, dass sich generative Modelle in vielen Bereichen auf unterschiedliche Weise weiterentwickelt haben. Schlussendlich hat sich die Transformer Architecture, die das erste Mal 2017 von Vaswani et al. für eine NLP-Aufgabe vorgestellt wurde, als gemeinsamer Schnittpunkt durchgesetzt. Transformer wurden anschließend auch im Bereich CV angewendet und wurden Basis für viele generative Modelle in unterschiedlichen Domänen. Im Bereich NLP verwenden heutzutage viele bekannte LLMs, wie ChatGPT oder BERT, die Transformer Architecture als primären Baustein, da diese Vorteile gegenüber alten Komponenten wie LSTM oder GRU bietet. Im Bereich CV wurde dieses Prinzip mit Vision Transformers und Swin Transformers noch weiterentwickelt, indem die Transformer Architecture mit visuellen Bestandteilen kombiniert wurde. Abgesehen von den Verbesserungen, die Transformer in den einzelnen Bereichen gebracht haben, erlaubt diese Schnittstelle, Modelle aus unterschiedlichen Domänen zu kombinieren und so multimodale Aufgaben zu erfüllen. Ein Beispiel dafür ist CLIP, ein Bildverarbeitungs-Sprachmodell, dass die Transformer Architecture mit visuellen Komponenten kombiniert, wodurch es mit großen Mengen an Text- und Bilddaten trainiert werden kann. In Abbildung 3.3 wird die historische Entwicklung von GAI nochmals übersichtlich dargestellt. Zusammenfassend lässt sich sagen, dass Modelle, die auf Transformern basieren, AIGC revolutioniert und Training aus großen Datenmengen ermöglicht haben (Cao et al., 2023, S. 4).

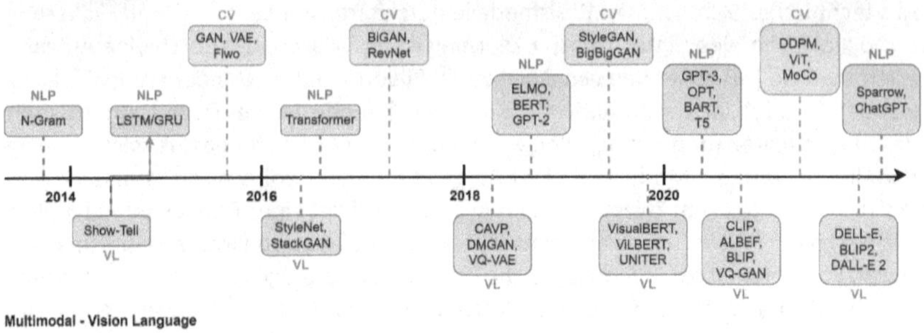

Abbildung 3.3: Historische Entwicklung von GAI. In Anlehnung an Cao et al., 2023, S. 5.

3.4 Funktionsweise

Das Forschungsgebiet GAI ist technisch sehr komplex und basiert auf unterschiedlichen technischen Konzepten, zu denen unter anderem die Transformer Architecture, Large Language Models sowie das Reinforcement Learning zählen. Um GAI besser verstehen zu können, werden in diesem Kapitel die fundamentalen Konzepte dahinter genauer beschrieben.

3.4.1 Basismodelle

In vielen Fällen ist es nicht mehr notwendig, AI-Modelle von Grund auf neu zu trainieren. Ein neues Paradigma hat sich entwickelt, wobei AI-Systeme basierend auf bereits bestehenden Modellen aufgebaut werden, welche das erste Mal von Bommasani et al. als Basismodelle („Foundation Models") bezeichnet wurden. Bommasani et al. beschreiben Basismodelle demnach als „any model that is trained on broad data (generally using self-supervision at scale) that can be adapted (e.g. fine-tuned) to a wide range of downstream tasks". Technisch gesehen sind Basismodelle nichts Neues. Sie basieren auf tiefen neuronalen Netzwerken und Self-Supervised Learning, beides Techniken, die bereits länger bekannt sind. Was Basismodelle ausmacht, ist das große Ausmaß, welches diese in den letzten Jahren angenommen haben. GPT-3 hat beispielsweise 175 Milliarden Parameter und kann durch „Natural Language (NL)" Eingaben eine weite Bandbreite an Aufgaben erfüllen, ohne explizit auf diese trainiert worden zu sein. Gleichzeitig muss jedoch beachtet werden, dass die genauen Charakteristiken dieser Basismodelle noch unzureichend erforscht sind und dieses große Potenzial auch Risiken bergen kann (Bommasani et al., 2021, S. 3).

Wie aus dem Namen bereits hervorgeht, dienen Basismodelle oft als Ausgangspunkt, um fortgeschrittenere und komplexere Modelle zu entwickeln. Das Aufbauen auf Basismodellen erlaubt es anspruchsvolle und spezialisierte Modelle zu erstellen, die auf bestimmte Anwendungsfälle oder Bereiche zugeschnitten werden können (Goyal et al., 2023). Aktuell bekannte Beispiele für Basismodelle sind GPT-3, BERT, CLIP oder DALL-E (Bommasani et al., 2021, S. 3).

Aus technischer Sicht werden Basismodelle durch „Transfer Learning" und Skalierung ermöglicht. Die Idee hinter Transfer Learning ist es, Wissen, das durch eine Aufgabe erlernt wurde (z.B. Erkennen von Objekten in Bildern), auf eine andere Aufgabe anzuwenden (z.B. Erkennen von Aktivitäten in Videos). Innerhalb des Deep Learning stellt das „Vortrainieren (pretraining)" den vorherrschenden Ansatz für das Transfer Learning dar. Hierbei wird ein Modell auf einer Aufgabe trainiert, wobei diese in vielen Fällen lediglich als Mittel zum Zweck dient. Im Anschluss erfolgt eine „Feinabstimmung (finetuning)" des Modells, um es an die nachgelagerte Aufgabe von Interesse anzupassen. Transfer Learning ist die Komponente, die Basismodelle ermöglicht, während Skalierung sie mächtig macht. Die Skalierung der letzten Jahre wurde durch drei wesentliche Faktoren ermöglicht. Dazu zählen Fortschritte in der Hardware, eine größere Verfügbarkeit von Trainingsdaten sowie die Transformer Model Architecture (Bommasani et al., 2021, S. 4).

3.4.2 Large Language Models (LLM)

Sprache ist die Fähigkeit von Menschen, sich auszudrücken und untereinander zu kommunizieren. Computer und Maschinen besitzen grundsätzlich nicht die Fähigkeit, menschliche Sprache zu verstehen oder darin zu kommunizieren, wenn sie nicht mit AI-Algorithmen für diese Zwecke ausgestattet wurden. „Language Models (LMs)" sind ein technischer Ansatz, um die Sprachintelligenz von Maschinen zu verbessern. Diese LMs modellieren die Wahrscheinlichkeitsvorhersage von Wortsequenzen, um so die Wahrscheinlichkeit von zukünftigen oder fehlenden Tokens zu bestimmen. LLMs sind die aktuellste Weiterentwicklung dieses Paradigmas und somit Nachfolger von „Statistical Language Models", „Neural Language Models" und dem direkten Vorgänger „Pre-trained Language Models (PLMs)". Die Forschung hat herausgefunden, dass eine Skalierung dieser PLMs, entweder durch Skalierung der Modellgröße oder des Datenumfangs, die Ergebnisse des Modells in Bezug auf „Downstream tasks" verbessert. Trotz der primären Skalierung in der Modellgröße, welche ähnliche Architekturen und Vortrainingsaufgaben umfasst, zeigen groß dimensionierte PLMs (wie etwa GPT-3) abweichende Verhaltensweisen im Vergleich zu ihren kleineren Pendants (wie etwa GPT-2). Diese Modelle entwickeln unerwartete Fähigkeiten, die als emergente Fähigkeiten bezeichnet werden, und sind in der Lage, eine Vielzahl komplexer Aufgaben zu lösen. Ein konkretes Beispiel hierfür ist GPT-3, das mithilfe von kontextbezogenem Lernen „Few-Shot-Tasks" bewältigen kann, während GPT-2 damit weniger erfolgreich ist. Für diese groß dimensionierten PLMs hat die Forschungsgemeinschaft den Begriff „Large Languages Models (LLM)" entworfen, welche zunehmendes Interesse in der Forschung hervorrufen. Eine erfolgreiche Anwendung von LLMs ist ChatGPT, das die LLMs der GPT-Serie für den Dialog anpasst und dadurch die beeindruckende Fähigkeit demonstriert, mit Menschen ein Gespräch zu führen (Zhao et al., 2023, S. 1–4).

Moderne LLMs basieren auf tiefen neuronalen Netzen, die mithilfe enormer Mengen an Sprachdaten trainiert werden. Diese Datensätze können Millionen unterschiedlicher Wörter und Sätze enthalten (Nguyen-Duc et al., 2023, S. 7). Aus technischer Sicht verwenden diese modernen Modelle die Transformer Architecture und somit auch den Attention-Mechanismus, durch den sich die AI bei der Generierung eines Outputs auf den wichtigen Teil des Inputtextes konzentrieren kann. Durch Training soll dem neuronalen Netz die Grammatik und Syntax einer Sprache beigebracht werden, indem bestimmte Teile des Textes geschwärzt werden und das neuronale Netz diese fehlenden Teile erraten muss. Das neuronale Netz versucht diese Aufgabe zu erfüllen, indem es seine Aufmerksamkeit selektiv auf die Wörter richtet , die den Kontext des fehlenden Teils bilden (Ebert und Louridas, 2023, S. 31–33). Ist zum Beispiel der unvollendete Satz „Das Buch ist auf dem" gegeben, so versucht das Modell basierend auf Trainingsdaten das nächste Wort mit der höchsten Wahrscheinlichkeit zu bestimmen, wie z.B. „Regal" oder „Tisch". Unter Einsatz leistungsfähiger Rechenkapazitäten und einer umfangreichen Anzahl an Parametern sind diese Modelle in der Lage, komplexe sprachliche Beziehungen zu erlernen und natürliche Sätze zu generieren. So haben moderne LLMs bedeutende Fortschritte in verschiedenen Bereichen der natürlichen Sprachverarbeitung erzielt, wie z.B. im Bereich der maschinellen Übersetzung, Titelerzeugung, Fragebeantwortung oder Textgenerierung. Sie sind in der Lage, hochwertige Texte zu erzeugen, die in enger Beziehung zu dem bereitgestellten Inhalt und Kontext stehen (Nguyen-Duc et al., 2023, S. 7).

Die zugrundeliegenden Prinzipien von LLMs bleiben trotz der signifikanten Fortschritte noch unzureichend erforscht. Es besteht immer noch Unklarheit darüber, warum emergente Fähigkeiten in LLMs auftreten, während kleinere PLMs diese nicht aufweisen. Darüber hinaus besteht ein Mangel an vertieften Untersuchungen der Schlüsselfaktoren, die zu den überlegenen Fähigkeiten von LLMs beitragen. Es ist von entscheidender Bedeutung zu untersuchen, unter welchen Bedingungen und auf welche Weise LLMs solche Fähigkeiten erlangen. Des Weiteren stellt das Training leistungsfähiger LLMs durch die Forschungsgemeinschaft eine große Herausforderung dar. Aufgrund des erheblichen Bedarfs an Rechenressourcen ist es äußerst kostenintensiv, wiederholte Studien durchzuführen, um die Auswirkungen verschiedener Trainingsstrategien für LLMs zu untersuchen. Das Training von LLMs geschieht hauptsächlich durch große Unternehmen, was dazu führt, dass viele wichtige Trainingsdetails, wie beispielsweise die Datensammlung und -bereinigung, nicht öffentlich bekannt gemacht werden. Darüber hinaus stellt die Abstimmung zwischen LLMs und gesellschaftlichen Werten eine Schwierigkeit dar. Es ist nicht ungewöhnlich, dass LLMs trotz ihrer Fähigkeiten toxische, fiktive oder schädliche Inhalte produzieren. Um dieses potenzielle Risiko von LLMs zu minimieren, werden wirksame und effiziente Kontrollansätze benötigt (Zhao et al., 2023, S. 3–4).

3.4.3 Generative Adversarial Networks (GAN)

Eine andere Methode zum Trainieren von GAI sind sogenannte GANs. GANs basieren auf einem Spiel, im Sinne der Spieltheorie, welches zwischen zwei maschinellen Lernmodellen ausgeführt wird. In den meisten Fällen werden diese Lernmodelle als neuronale Netzwerke implementiert. Wie der Name bereits nahelegt, wird bei dieser Variante ein gegnerisches Lernziel von einer Mehrzahl neuronaler Netzwerke verfolgt. Das Ziel von GANs ist es, Trainingsdaten zu untersuchen und daraus die Wahrscheinlichkeitsverteilung zu lernen, die zur Generierung dieser Daten geführt hat. Wurde dies erlernt, ist es GANs möglich, weitere Beispiele mit der entsprechenden Wahrscheinlichkeitsverteilung zu erstellen. Diese Methodik hat sich für eine Vielzahl von Aufgaben als erfolgreich erwiesen. Besonders beliebt sind GANs jedoch im Bereich der Bildgenerierung, aufgrund ihrer Fähigkeit, hochauflösende und realistische Bilder zu erzeugen (Goodfellow et al., 2020, S. 1).

Im Normalfall bestehen GANs aus zwei neuronalen Netzen, die über ein Nullsummenspiel miteinander im Wettbewerb stehen, um Beispiele aus einer bestimmten Verteilung zu generieren (Feuerriegel et al., 2024, S. 114). Die beiden beteiligten Netzwerke sind der Generator und der Diskriminator, wobei beide unterschiedliche Ziele verfolgen. Das Ziel des Generators ist es, Proben zu erzeugen, die möglichst realistisch wirken, während das Ziel des Diskriminators darin besteht, die Wahrscheinlichkeit zu bewerten, ob die Probe echt ist oder vom Generator erstellt wurde (Goodfellow et al., 2020, S. 140–141). Dieses Training wird so lange durchgeführt, bis der Diskriminator nicht mehr zwischen den echten und den erzeugten Proben unterscheiden kann (Banh und Strobel, 2023, S. 4). Abbildung 3.4 visualisiert den Trainingsablauf von GANs.

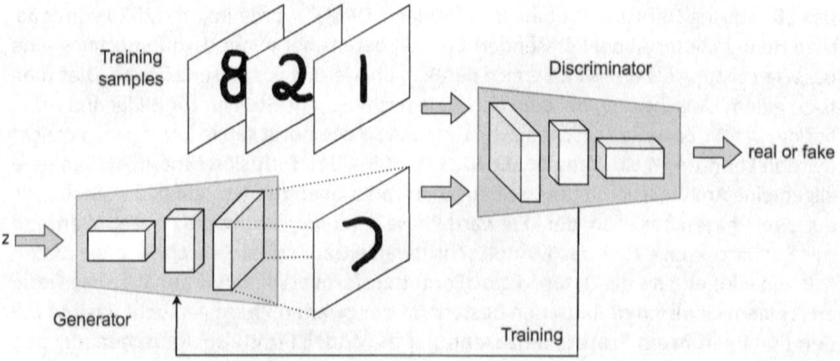

Abbildung 3.4: Trainingsprozess von GANs. In Anlehnung an Feuerriegel et al., 2024, S. 115.

3.4.4 Variational Autoencoder (VAE)

Die Generierung von Beispielen, die sich in einigen, aber nicht in allen Aspekten von bereits in der Datenbank vorhandenen Beispielen unterscheiden, hat die Forschung im Bereich generativer Modelle lange beschäftigt. So wollte man beispielsweise neue ungesehene Bilder aus einer Datenbank bereits bestehender Bilder generieren. Das Training solcher Modelle stellte lange ein Problem dar, weil die meisten Ansätze einen von drei Nachteilen aufgewiesen haben: Erstens könnten sie starke Annahmen über die Struktur der Daten getroffen haben. Zweitens könnten sie schwerwiegende Annäherungen getroffen haben. Oder drittens könnten sie auf rechnerisch aufwendigen Verfahren beruht haben. In den letzten Jahren wurden in diesem Gebiet große Fortschritte erzielt, wodurch vielversprechende Frameworks entstanden sind, die Backpropagation nutzen, um generative Modelle zu schaffen. Eines dieser populären Frameworks ist der „Variational Autoencoder (VAE)" (Doersch, 2016, S. 1–2). Ein VAE verwendet ein neuronales Netzwerk, das darauf trainiert wird, eine niedrigdimensionale Darstellung der Eingabedaten zu erlernen, indem es sie in einen komprimierten latenten Variablenraum kodiert. Anschließend werden die originalen Daten aus der komprimierten Darstellung rekonstruiert. Im Vergleich zu traditionellen Autoencodern unterscheiden sich VAEs durch die Verwendung eines probabilistischen Ansatzes für den Kodierungs- und Dekodierungsprozess. Dieser Ansatz erlaubt es ihnen, die zugrundeliegende Struktur und Variation in den Daten zu erfassen und neue Daten aus dem erlernten latenten Raum zu generieren. Besonders nützlich sind VAEs für Aufgaben wie Anomalieerkennung und Datenkompression, aber auch für Bild- und Textgenerierungen (Feuerriegel et al., 2024, S. 114) und Empfehlungssysteme (Banh und Strobel, 2023, S. 4).

3.4.5 Diffusion Models

Das „Denoising Diffusion Probabilistic Model (DDPM)“ wurde im Jahr 2020 von Jonathan Ho und Pieter Abbeel präsentiert und hat bereits bei seiner Veröffentlichung eine bessere Leistung als GANs im Bereich der Bildgenerierung vorweisen können. Dies führte zu einem Umschwung, bei dem sich viele nachfolgende Studien zur Bildgenerierung auf die DDPM-basierte Forschung stützten und so beeindruckende Ergebnisse erreicht werden konnten (Y. Liu, Yang et al., 2023, S. 803–804). Diffusion Models stellen eine allgemeine Architektur mit unterschiedlichen Variationen zur Verfügung, die jedoch alle auf zwei Phasen basieren, der „Forward Phase“ und der „Backward Phase“. Während der Forward Phase fügt das Modell schrittweise Gaußsches Rauschen in die Daten (z.B. ein Bild) ein, bis die Daten in eine Form transformiert sind, die annäherungsweise aus reinem Gaußschen Rauschen besteht. In der zweiten Phase versucht das Modell den durchgeführten Prozess umzukehren. Das Modell lernt also, Rauschen aus den Daten zu entfernen, indem es schrittweise von den Daten, die aus zufälligem Rauschen bestehen und als zufälliger Startpunkt betrachtet werden können, zu neuen echten Daten (z.B. einem sinnvollen Bild) übergeht. Diese Aufgabe erlernt das Modell, indem es mit Daten trainiert wird, die in der ersten Phase generiert wurden (Martínez et al., 2023, S. 3–4). Durch eine kontinuierliche Optimierung der Parameter wird eine größere Ähnlichkeit zwischen den neuen und den originalen Daten angestrebt, um eine laufende Verbesserung der Qualität der generierten Inhalte zu erzielen. Diffusion Models sind dafür bekannt, eine höhere Stabilität als GANs bereitzustellen, und bieten die Möglichkeit, eine breite Palette qualitativ hochwertiger Daten zu generieren, die auch VAEs übertreffen können. Allerdings wies das ursprüngliche Diffusion Model auch drei große Nachteile auf. Es ist relativ langsam, besitzt nur eine schwache Fähigkeit der Datengeneralisierung (Y. Liu, Yang et al., 2023, S. 804) und es besitzt nur eine geringe maximale Likelihood (Song et al., 2021). Eingesetzt werden Diffusion Models von Systemen wie beispielsweise DALL-E oder Midjourney (Feuerriegel et al., 2024, S. 114).

3.4.6 Transformer Architecture

Wie bereits erwähnt, bildet die Transformer Architecture die Basis für viele moderne GAI Modelle wie GPT-3, DALL-E-2 oder Gopher. Entwickelt wurde die Technologie von Vaswani et al. im Auftrag von Google, um die Einschränkungen traditioneller Modelle wie RNNs zu überwinden (Vaswani et al., 2017, S. 1). Dazu zählen unter anderem die Handhabung von Sequenzen variabler Länge sowie die Berücksichtigung kontextueller Faktoren. Die Basis der Transformer Architecture bildet der sogenannte „self-attention mechanism“, der es dem Modell erlaubt, verschiedene Teile einer Eingabesequenz zu beachten. Grundsätzlich besteht ein Transformer aus einem Encoder der mit einem entsprechenden Decoder kommuniziert. Der Encoder übernimmt hierfür die Eingabesequenz und führt sie in eine verborgene Repräsentation über. Der Decoder verwendet diese Repräsentation als Eingabe und erzeugt daraus eine Ausgabesequenz (Cao et al., 2023, S. 5). Sowohl der Encoder als auch der Decoder bestehen aus mehreren Schichten, wobei jede Schicht aus einem „muli-head attention mechanism“ und einem neuronalen Feed Forward Netzwerk besteht (Vaswani et al., 2017, S. 2–3). Der „multi-head attention mechanism“ bildet das Kernstück des Transformers, indem gelernt wird, Tokens je nach Relevanz unterschiedlich zu gewichten. Dies ermöglicht es dem Modell, besser mit langfristigen Abhängigkeiten umzugehen, und somit die Leistung bei einer Vielzahl von NLP-Aufgaben zu verbessern. Ein weiterer Vorteil von Transformern besteht in ihrer Fähigkeit zur höchst parallelen Nutzung (Cao et al., 2023, S. 5). So stellte sich beispielsweise der auf einer Transformer Architecture basierenden BERT, durch seine außergewöhnliche Leistung bei sprachübergreifenden Aufgaben, als wegweisend im NLP-Bereich heraus. Abbildung 3.5 veranschaulicht die Funktionsweise der Transformer Architecture. Zusammenfassend lässt sich sagen, dass Transformer durch ihre beeindruckende Leistungsfähigkeit und die noch offenen Potenziale in Bezug auf die Trainingseffektivität weiterhin diesen Bereich der Forschung dominieren (J. Wang et al., 2023, S. 3).

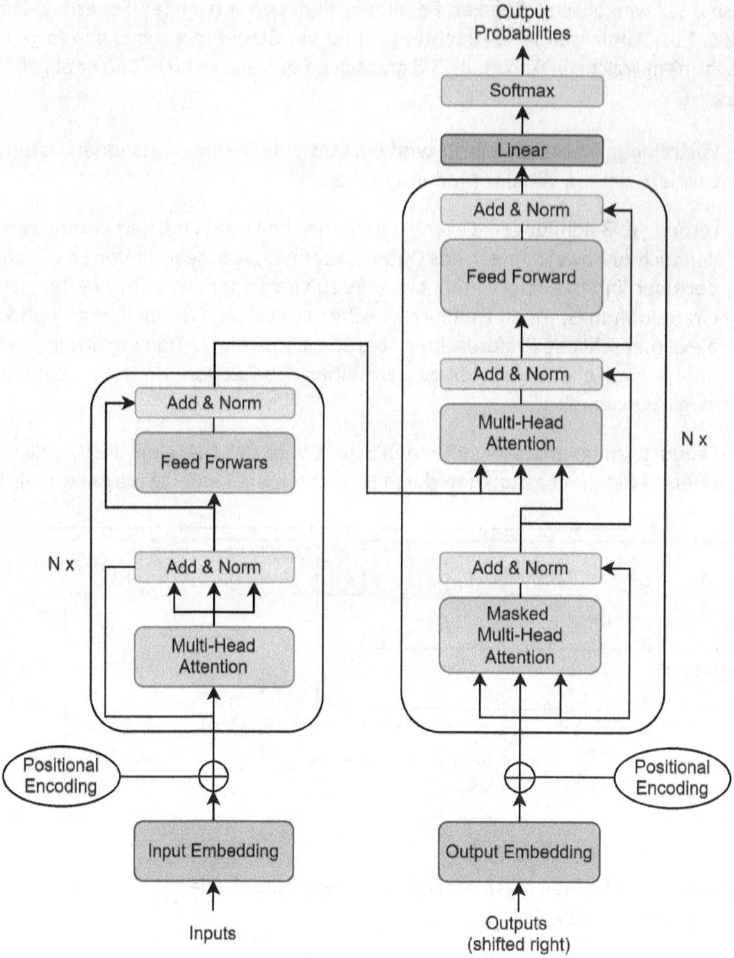

Abbildung 3.5: Transformer Architecture grafisch dargestellt. In Anlehnung an Vaswani et al., 2017, S. 3.

3.4.7 Reinforcement Learning from Human Feedback (RLHF)

Obwohl das Training von GAI mithilfe großer Datensätze geschieht, kann trotzdem Output generiert werden, der nicht den Erwartungen der User*innen entspricht, in Hinsicht auf Nützlichkeit und Korrektheit. Um den Output besser mit den Erwartungen der User*innen abzustimmen, wurde „Reinforcement Learning from Human Feedback (RLHF)" zur Feinjustierung der Modelle entworfen (Cao et al., 2023, S. 6–7). RLHF lernt sequenzielle Aufgaben wie z.B. das Führen von Chat Dialogen, aus menschlichem Feedback, indem es, im Gegensatz zum traditionellen Reinforcement Learning, direkt ein sogenanntes „Belohnungsmodell" mithilfe dieses Feedbacks trainiert. Dieses Belohnungsmodell wird anschließend als Belohnungsfunktion verwendet (Feuerriegel et al., 2024, S. 114). Umfassender betrachtet besteht der RLHF-Prozess aus den folgenden drei Schritten, welche in Abbildung 3.6 grafisch dargestellt werden (Cao et al., 2023, S. 6–7):

1. Vortraining: Im ersten Schritt wird ein LLM auf einem umfassenden Datensatz trainiert, um ein initiales Modell zu erhalten.

2. Lernen der Belohnungen: Obwohl das Modell im Vorfeld trainiert wurde, kann es dennoch zu Abweichungen des Outputs kommen, welche nicht den Erwartungen der User*innen entsprechen. Um dies zu vermeiden, wird im zweiten Schritt ein Belohnungsmodell trainiert, welches in der Lage ist, vielfältige und komplexe menschliche Präferenzen zu berücksichtigen. Das Training erfolgt, indem unterschiedliche Antworten zu demselben Prompt von Menschen paarweise verglichen werden.

3. Feinjustierung: Im abschließenden Schritt wird das LM feinjustiert, indem die erlernte Belohnungsfunktion durch Reinforcement Learning maximiert wird.

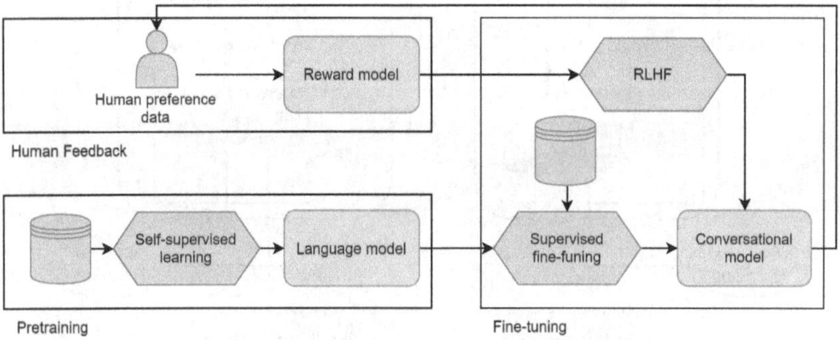

Abbildung 3.6: RLHF Trainingsmethode für konversationsbasiert GAI. In Anlehnung an Feuerriegel et al., 2024, S. 115.

RLHF kommt beispielsweise bei konversationsbasierten LLMs wie ChatGPT zur Generierung von Chatnachrichten zum Einsatz, sodass neue Antworten auf den vorherigen Chat-Dialog und auf die menschlichen Präferenzen (z.B. Länge, Stil,

Umfang) abgestimmt sind (Feuerriegel et al., 2024, S. 114). Obwohl RLHF umfangreich eingesetzt wird und vielversprechende Ergebnisse vorweist, wird der Fortschritt in diesem Bereich durch einen Mangel an öffentlich verfügbaren Benchmarks und Implementierungsressourcen behindert. Dies führt zu dem Eindruck, dass Reinforcement Learning ein herausfordernder Ansatz im Bereich von NLP ist (Cao et al., 2023, S. 7).

Einen alternativen Ansatz verfolgt die Dialogsoftware Claude, bei der das Belohnungsmodell nicht über menschliches Feedback, sondern mithilfe von „Reinforcement Learning from AI Feedback (RLAIF)" trainiert wird. Gelenkt werden das Feedback und die Kritik der AI durch eine kleine Sammlung an Grundsätzen, die „Verfassung" genannt wird und das einzige von Menschen bereitgestellte Element in Claude ist. Die AI fokussiert sich bei der Kontrolle der Output darauf, dass diese weniger schädlich sind, indem sie ihre Einwände gegen gefährliche Anfragen erläutert (Cao et al., 2023, S. 7). Eine kürzlich durchgeführte theoretische Analyse bezüglich RLAIF rechtfertigt jedoch den empirischen Erfolg von RLHF und gibt neue Einblicke auf spezialisierte RLHF-Algorithmen-Designs für LMs (Zhu et al., 2023).

Es wird deutlich, dass GAI bei weitem nicht auf eine Technologie reduziert werden kann. Der heutige Stand basiert auf einer Vielzahl unterschiedlicher Entwicklungen und Technologien, die erst im Zusammenwirken die Leistungsfähigkeit und Vielseitigkeit moderner GAI-Modelle ermöglichen. Auch wenn es immer wieder bahnbrechende Entdeckungen gab, wie zuletzt die Transformer Architecture, so ist es doch das Zusammenspiel und das aufeinander Aufbauen, das moderne GAI ermöglicht.

3.5 Prompt Engineering

Konversationsbasierte LLMs, bei denen die Nutzer*innen über eine Chat-Schnittstelle Eingaben tätigen können, haben in verschiedenen Bereichen, von der Beantwortung medizinischer Fragen bis hin zur Erstellung von Computercode, große Aufmerksamkeit erlangt. So stellen sich LLMs besonders vielversprechend in jenen Bereichen heraus, in denen Menschen und AI-Tools zusammenarbeiten. Die Kommunikation zwischen diesen konversationsbasierten LLMs und Menschen erfolgt über sogenannte „Prompts". Laut White et al. ist ein Prompt „a set of instructions provided to an LLM that programs the LLM by customizing it and/or enhancing or refining its capabilities" (White et al., 2023, S. 1). Damit bestimmt ein Prompt nicht nur den erzeugten Output des LLM, indem wichtige Informationen angegeben und der gewünschte Output definiert wird, sondern kann auch die weiterführende Interaktion beeinflussen. So kann beispielsweise angegeben werden, dass zukünftige Codeoutputs einem bestimmten Coding-Style folgen sollen (White et al., 2023, S. 1).

Das Programmieren von LLMs mittels dieser Prompts wird als „Prompt Engineering" bezeichnet (White et al., 2023, S. 1). Ursprünglich tauchte der Begriff des Prompt Engineerings das erste Mal im Zusammenhang mit einem online Post über GPT-3 und dessen Fähigkeit auf, kreative Fiktionen zu generieren (V. Liu und Chilton, 2022, S. 3). Zusammen mit der steigenden Bedeutung von LLMs hat auch das Gebiet des Prompt Engineerings seit diesem Post wesentlich an Relevanz zugenommen, da es eine entscheidende Rolle in der effektiven Nutzung von LLMs spielt (Heston und Khun, 2023, S. 1). Insgesamt hilft korrektes Prompt Engineering dabei, die Lücke zwischen vortrainierten Aufgaben und verschiedenen Downstream Tasks zu schließen, wodurch die Leistung von LLMs verbessert werden kann. Dies weist darauf hin, dass eine angemessene Parameterinitialisierung erhebliche Vorteile für Downstream Tasks liefert (J. Wang et al., 2023, S. 1–3). Darüber hinaus besteht die Möglichkeit, Anweisungen so zu konzipieren, dass sie ein LLM dazu programmieren, deutlich umfassendere Aufgaben zu bewältigen als lediglich den Ausgabetyp zu bestimmen oder die dem Modell präsentierten Informationen zu filtern. Ebenfalls kann durch die gezielte Formulierung von Prompts eine völlig neue Interaktion geschaffen werden, beispielsweise indem ein LLM ein Quiz zu einem Konzept im Bereich der Softwareentwicklung generiert oder sogar Linux-Terminalfensters simuliert. Prompts besitzen zusätzlich die Fähigkeit zur Selbstanpassung, indem sie anderen Prompts Vorschläge unterbreiten, zusätzliche Informationen zu sammeln oder weitere Artefakte zu erzeugen. Diese fortgeschrittenen Fähigkeiten von Prompts legen nahe, dass diese so konzipiert werden sollten, dass sie einen Mehrwert über die reine Generierung von Text oder Code hinaus bieten (White et al., 2023, S. 1–2).

Einige bekannte Prompt Engineering Methoden sind beispielsweise „Zero-Shot Prompting", „Few-Shot Prompting", oder „Chain-of-Thought Prompting". Zero-Shot Prompting ist die einfachste Methode, bei der dem LLM eine Aufgabe gestellt wird, ohne zusätzliche Beispiele zu geben, wie die Aufgabe gelöst werden kann. Aufgrund der umfangreichen Trainingsdaten kann dieser Ansatz für grundlegende Aufgaben ohne Probleme genutzt werden. Beim Few-Shot Prompting hingegen werden dem LLM neben der Anweisung auch einige Beispiele zu einer bestimmten Aufgabe gegeben. Somit wird der Denkprozess des Modells in eine bestimmte Richtung gelenkt, um die Aufgabe zu lösen. Dies kann beispielsweise von Nutzen sein, wenn der Output ein spezifisches Format aufweisen soll, welches nur schwer erklärbar ist. Ähnlich dazu funktioniert „One-Shot Prompting", bei dem dem LLM jedoch nur ein einziges Beispiel gegeben wird. Eine alternative Technik ist das Chain-of-Thought Prompting, welches darauf abzielt, LLMs bei der Lösung von Aufgaben zu unterstützen, die eine Vielzahl von Schritten oder komplexen Schlussfolgerungen erfordern. Diese Methode fördert die Fähigkeit des Modells, in einer strukturierten Weise von einem Schritt zum nächsten zu denken, was zu einer optimierten Lösung des Problems führt. Dadurch kann sichergestellt werden, dass die Antworten des Modells nachvollziehbar sind und sich am Thema orientieren (Calegario et al., 2023, S. 17–18).

Zusammenfassend kann festgestellt werden, dass die Interaktion mit LLMs häufig über Chat-Schnittstellen mit Hilfe von Prompts erfolgt. Korrektes Prompt Engineering kann helfen, die Leistung von LLMs erheblich zu verbessern. Es wurden verschiedene Prompt Engineering Methoden entwickelt, die je nach Aufgabe und Anforderungen unterschiedliche Vorteile bieten.

3.6 Herausforderungen von GAI

Neben den vielen Vorteilen und Potenzialen für Einzelpersonen, Organisationen und die Gesellschaft, die GAI bietet, gehen auch einige Herausforderungen einher, die denen traditioneller Machine Learning Systemen ähneln. Das Betonen dieser Herausforderungen, die für Forschung und Praxis relevant sind, trägt dazu bei, Bewusstsein für diese Einschränkungen zu schaffen und zukünftige Bemühungen in diesem Gebiet zu unterstützen (Banh und Strobel, 2023, S. 7). Aus diesem Grund wird in diesem Kapitel auf die wichtigsten Herausforderungen von GAIs eingegangen und mögliche Auswirkungen untersucht.

3.6.1 Bias

Im Bereich von AI bezieht sich der Begriff „Bias" darauf, dass die von der AI generierten Antworten oder Empfehlungen bevorzugend oder ungerecht gegenüber bestimmter Personen oder Gruppen sind (Fui-Hoon Nah et al., 2023, S. 285). Gleich wie traditionelle AIs sind auch GAI-Modelle von diesen Biases betroffen und generieren unter Umständen diskriminierende Ergebnisse. Die Ursache dafür ist die datengetriebene Natur von GAI. Die Datenqualität spielt eine wesentliche Rolle in Bezug auf Performanz und somit auch, wie gut die Anwendung auf reale Szenarien übertragbar ist. Baises treten in unterschiedlichen Ausprägungen auf und manifestieren sich bei der Entwicklung von AI-Systemen insbesondere in der Trainings- und der Inferenzphase. Aufgrund dieser beiden Entstehungsphasen lässt sich eine Kategorisierung in Datenbias und algorithmischen Bias durchführen (Banh und Strobel, 2023, S. 7).

Ein Datenbias entsteht während der Trainingsphase eines Modells aufgrund fehlerhafter Datensätze, die beispielsweise durch unausgeglichene Stichproben, inkorrekte Datenbeschriftungen oder falsch gemessene Merkmale auftreten. Diese Datensätze behindern ein unvoreingenommenes Training und führen zu Ergebnissen mit Bias. Für GAI-Modelle ist die Entwicklung von großen Trainingsdatensätzen besonders wichtig und beinhaltet oft Scraping-Strategien von öffentlichen Daten aus dem Internet. Da dieser Sammelprozess in den meisten Fällen unüberwacht und autonom passiert, wird die Qualitätssicherung dieser Datensätze aufgrund der großen Menge an unstrukturierten Daten noch weiter erschwert. Insbesondere für GAI ist es wichtig, sich auf solche Trainingsdaten verlassen zu können, da GAI allgemein verwendbar ist und multimodal trainiert werden soll (Banh und Strobel, 2023, S. 7–8). Stereotypen in Bezug auf Geschlecht, sexuelle Orientierung oder Ethnizität sind beispielsweise typische Biases, die entstehen können. Die Vollständigkeit, Vielfalt und Repräsentativität der Trainingsdaten ist daher entscheidend, um Fairness sicherzustellen und Biases zu vermeiden (Fui-Hoon Nah et al., 2023, S. 285).

Algorithmischer Bias entsteht hingegen während der Inferenzphase und ist unabhängig von den verwendeten Trainingsdaten. In solchen Fällen wurden die Modelle zwar mit vielfältigen und unvoreingenommenen Daten trainiert, jedoch entsteht durch den Algorithmus oder durch die Anwendung selbst ein Bias, der die Nutzer*innen beeinflusst. Ein typisches Beispiel dafür ist Overfitting, dass durch die ausgewählte Lernstrategie oder durch Optimierungsfunktionen entsteht. Dadurch entstehen Biases, die sich nicht in den Daten widerspiegeln, weil das Model die Datenverteilung nicht richtig gelernt hat. Des Weiteren besteht die Möglichkeit, dass die Darstellungen von GAI-Systemen und die Interaktionen der User*innen mit diesen zu Verzerrungen führen können. Dies kann beispielsweise der Fall sein, wenn den Userinnen und Usern lediglich bestimmte generierte Inhalte präsentiert werden (Banh und Strobel, 2023, S. 8).

GAI-Systeme, die Ergebnisse mit Bias erzeugen, beeinflussen die Meinung und das Urteilsvermögen ihrer User*innen, wodurch entsprechende Kontrollmechanismen notwendig werden. Ebenfalls sind Strategien notwendig, um Biases zu vermeiden, frühzeitig zu erkennen oder zu mildern, um User*innen zu schützen und den Ruf des GAI-Systems zu wahren. Ein Ansatz, um die Qualität von Outputs zu gewährleisten, ist Reinforcement Learning from Human Feedback (RLHF), welcher es dem Modell erlaubt, die Outputs zu verfeinern und besser auf die Erwartungen und Ziele der User*innen abzustimmen (Banh und Strobel, 2023, S. 8). Um gegen den Datenbias vorzugehen, ist der Einsatz synthetischer Daten beim Training zur Erhöhung der Vielfalt von Datensätzen ebenfalls ein effektives Mittel (Fui-Hoon Nah et al., 2023, S. 285). Grundsätzlich bleibt jedoch die Frage, was als „gut“ und als „richtig“ angesehen wird, schwierig zu beantworten (Banh und Strobel, 2023, S. 8).

3.6.2 Transparenz und Erklärbarkeit

Das Verlangen nach Erklärbarkeit von AI ergibt sich durch die grundsätzliche Funktionsweise von ML-Modellen als Black-Boxes (Banh und Strobel, 2023, S. 8). Insbesondere für GAI besteht keine Transparenz darüber, wie ein Modell zu seinen Ergebnissen kommt. Diese fehlende Transparenz führt zu unterschiedlichen Problemen (Fui-Hoon Nah et al., 2023, S. 289):

- Für User*innen ist es schwierig, den Output zu verstehen und zu interpretieren.
- User*innen ist es nur schwer möglich, Fehler in den Outputs zu erkennen.
- Fehlende Interpretationen und Evaluierungen von Outputs können dazu führen, dass User*innen Probleme damit haben, dem System und dessen Antworten und Empfehlungen zu vertrauen.
- Aus rechtlicher und regulatorischer Sicht ist es für Regulierungsbehörden schwierig zu beurteilen, ob ein GAI-System unfair oder voreingenommen ist.

In der Politik wird bereits über die Durchsetzung von KI-Vorschriften diskutiert, welche die Erklärbarkeit von KI einschließen, um die mit der KI verbundenen Risiken zu minimieren und die Gesellschaft zu schützen (Banh und Strobel, 2023, S. 8). Ein aktuelles Beispiel dafür ist der im März 2024 formal verabschiedete AI Act der Europäischen Union (Heigl, 2024). Dieser AI Act teilt AI-Systeme in unterschiedliche Risikogruppen ein, wobei die Transparenz des Systems eine wesentliche Rolle spielt (Europäische Kommission, 2024). Die Interpretierbarkeit, also die Fähigkeit von Userinnen und Usern, die Prozesse und Entscheidungen der AI nachzuvollziehen, ist für GAI-Systeme, die Teil eines großen

Informationsnetzwerkes sind, wie z.B. einer Online-Plattform, besonders wichtig. Hier haben die erstellten Inhalte das Potenzial, sich auf Individuen oder auf die Gesellschaft auszuwirken, indem sie beispielsweise als Berater herangezogen werden und einfache Antworten liefern, die nur schwer zu überprüfen sind. So können ungenaue Produktempfehlungen von einem GAI-System unterschiedliche Konsequenzen nach sich ziehen, vom Kauf eines falschen Produktes bis hin zur Einnahme einer flaschen Medizin. Ein Verständnis darüber, wie ein System Outputs generiert, hilft Userinnen und Usern sowie Unternehmen also dabei, ihre Ziele effektiv und verantwortungsvoll zu erreichen, und somit auch die Bedürfnisse und Erwartungen ihrer Stakeholder zu befriedigen. Das Thema der Transparenz spielt zusätzlich eine Rolle bei der Gegenüberstellung von open-source und closed-source Modellen. Rechtliche Rahmenbedingungen in Bezug auf geistiges Eigentum, Copyright und Lizenzen erschweren den Einsatz von GAI-Systemen, insbesondere wenn die Trainingsdaten für closed-source Lösungen durch Webscraping gesammelt werden. Einige Initiativen in der Forschung zielen darauf ab, die Transparenz von open-source Datensätzen in Bezug auf Datenherkunft zu erhöhen. Im Allgemeinen bieten open-source Modelle einen rechtlich sichereren Weg für Unternehmen, um Risiken zu minimieren (Banh und Strobel, 2023, S. 8).

3.6.3 Halluzinationen

Halluzinieren ist ein weit anerkanntes Problem im Bereich von GAI und umfasst textuelle, auditive, visuelle oder andere Typen von Halluzinationen (Fui-Hoon Nah et al., 2023, S. 287). Aufgrund der wahrscheinlichkeitsbasierten Grundlage von GAI sind Fehler in den Outputs nicht ausgeschlossen. So können selbstbewusst generierte Ergebnisse entstehen, die zwar plausibel erscheinen, inhaltlich jedoch falsche oder sinnlose Informationen aufzeigen (Banh und Strobel, 2023, S. 9). Konkret manifestieren sich solche Ergebnisse von GAI-Modellen beispielsweise in Form von fiktionalen Informationen, gefälschten Bildern oder Informationen, die faktische Fehler aufweisen (Fui-Hoon Nah et al., 2023, S. 288). Die zugrundeliegenden Ursachen für dieses Phänomen werden aktuell noch erforscht, jedoch weisen erste Erkenntnisse darauf hin, dass die Trainingsdaten eine Ursache dafür sind, weil diese möglicherweise widersprüchliche oder fiktive Inhalte neben sachlichen Informationen enthalten. Die Unsicherheit über die Qualität der generierten Inhalte wird noch weiter durch closed-source Modelle verstärkt, die oft keine Angaben über zugrundeliegende Trainingsdaten machen. Daher ist es entscheidend eine sorgfältige Auswahl bezüglich geeigneter Datensätze und Modelle zu treffen, um das Risiko von Halluzinationen zu minimieren (Banh und Strobel, 2023, S. 9).

Um Halluzinationen nachzuweisen haben Studien GAI-basierte Bildgeneratoren identifiziert, die anatomische Fehler beim Erstellen menschlicher Bilder aufweisen. Diese Ungenauigkeiten weisen darauf hin, dass weitere Verbesserungen und Verfeinerungen notwendig sind, bevor GAI-Systeme zuverlässig für unüberwachte Aufgaben eingesetzt werden können, wie z.B. für die Produktion von Werbung. Auch Fehler bei einfacheren Aufgaben, wie beim Lösen simpler arithmetischer Operationen, konnten nachgewiesen werden, was die aktuellen Grenzen und potenzielle Mängel von GAI-Modelle aufzeigt. Aufgrund der scheinbar realistisch erzeugten Outputs ist das Erkennen von Halluzinationen eine schwierige Herausforderung. Aktuelle

Methoden zur automatischen Erkennung von Halluzinationen sind beispielsweise statistische Methoden oder modellbasierte Metriken. Allerdings weisen beide dieser Herangehensweisen eine hohe Anfälligkeit für Fehler auf und erweisen sich im Vergleich zu klassischen Bewertungen durch Menschen als weniger präzise (Banh und Strobel, 2023, S. 9).

Zukünftig wird weitere Forschung notwendig sein, um die Herausforderung der Halluzinationen zu bewältigen. Verbesserungen der Transparenz von Trainingsdaten und Berechnungsprozessen, wie auch eine Förderung der Nutzung von open-source Modellen kann dabei helfen, das Risiko der Erzeugung von irreführenden Inhalten zu minimieren. Um die allgemeine Zuverlässigkeit und Vertrauenswürdigkeit von GAI-Modellen zu verbessern, ist ebenfalls eine Verfeinerung der zugrundeliegenden Algorithmen und eine robuste Fehlerüberprüfung notwendig (Banh und Strobel, 2023, S. 9).

3.6.4 Missbrauch

Der Zugang zu GAI-Systemen zur Erstellung von realistischen Inhalten eröffnet nicht nur gute Möglichkeiten, sondern kann auch für bösartige Zwecke missbraucht werden, um bewusst Schäden und Risiken für die Gesellschaft herbeizuführen (Banh und Strobel, 2023, S. 9). Unter Missbrauch von GAI versteht man also die beabsichtigte Nutzung, die zu unangemessenen, unethischen oder schädlichen Ergebnissen führen könnte (Fui-Hoon Nah et al., 2023, S. 286). Für diesen Missbrauch lassen sich unterschiedliche Beispiele finden, wie das Erstellen von Deep Fakes. Hierbei handelt es sich um authentische Medieninhalte, die dazu entworfen wurden, bekannte Persönlichkeiten, wie Politiker*innen oder Prominente, nachzuahmen und so Zuschauer*innen zu täuschen. Im letzten Jahrzehnt wurden Deep Fakes aufgrund der geringen Kosten und der einfachen Erstellung durch x-zu-Bild, x-zu-Video oder x-zu-Sound AI immer weiter verfeinert. Durch die realistische Darstellung sind sie mittlerweile kaum noch zu erkennen, und führen so zu Falschinformationen. Das ist nur ein Beispiel dafür, welche Missbrauchspotenziale GAI birgt und wie sich der Missbrauch auf unterschiedliche Lebensbereiche auswirken kann. Alleine die Verfügbarkeit von GAI-Systemen bietet die Möglichkeit zur Erstellung von kriminellen Anwendungen und Geschäftsmodellen, die schlussendlich zur Verbreitung von Fehlinformationen, zur Manipulation von Medien und Politik oder für Betrugsversuche gegenüber Einzelpersonen oder Unternehmen genutzt werden können (Banh und Strobel, 2023, S. 9).

Ein weiteres Beispiel für den Missbrauch von GAI-Tools lässt sich im Bildungssektor finden. Hier stellt vor allem der Einsatz von ChatGPT als ein Hight-Tech Plagiatstool ein Problem für die akademische Integrität dar. Die Tatsache, dass ChatGPT innerhalb weniger Sekunden qualitativ hochwertige Antworten erzeugen kann, verleitet vor allem unmotivierte Schüler*innen und Studierende dazu, keine eigene Zeit in Arbeitsaufgaben zu investieren. Durch die mittlerweile hohe Qualität der Outputs von GAI ist es schwer zu unterscheiden, ob die Arbeit von Schülerinnen und Schülern oder Studierenden selbst erstellt wurde oder nicht. Darüber hinaus besteht eine Betrugsgefahr bei Prüfungen durch den Einsatz von ChatGPT, wenn digitale Geräte während der Prüfung zur Verfügung stehen. Ansätze, um gegen den Missbrauch im

Bildungssektor vorzugehen, sind beispielsweise Detektoren für AI generierte Inhalte, wie Turnitin, oder die Einführung strenger Überwachungsmaßnahmen (Fui-Hoon Nah et al., 2023, S. 286).

Die Forschung sucht aktuell aktiv nach Maßnahmen, um einen sichereren und verantwortungsvolleren Umgang mit GAI sicherzustellen. Erste Ansätze bieten der Einsatz von RLHF und sorgfältig ausgearbeitete open-source Datensätze, sowie Eingabefilter, die User*innen auf die Erstellung von harmlosen Inhalten beschränken. Diese Sicherheitsmaßnahmen bieten jedoch noch keinen vollkommenen Schutz, da Filter und Sicherheitsvorkehrungen durch beispielsweise Prompt-Injections umgangen werden können, um so trotzdem bösartige Prompts an das System weiterzuleiten und gewünschte Outputs zu erzeugen. Allerdings sind vielversprechende erste Schritte durch gemeinsamen Bemühungen zwischen Forschenden, Regulierungsbehörden und Organisationen zu erkennen, wie z.B. die Erstellung des AI Act. Diese gemeinsamen Anstrengungen eröffnen für die zukünftige Forschung Wege, um diese Herausforderungen effektiv zu bewältigen, Missbrauch vorzubeugen, und ethisch, moralisch und rechtlich angemessene AI generierte Inhalte sicherzustellen (Banh und Strobel, 2023, S. 9).

3.6.5 Urheberrecht und Copyright

Laut dem U.S. Copyright Office wird Copyright definiert als „a type of intellectual property that protects original works of authorship as soon as an author fixes the work in a tangible form of expression" (Fui-Hoon Nah et al., 2023, S. 290). In der österreichischen Rechtssprechung lässt sich eine ähnliche Definition im Urheberrechtsgesetz finden. Demnach sind Werke im Sinne des Urheberrechtsgesetz (§1) „geistige Schöpfungen auf den Gebieten der Literatur, der Tonkunst, der bildenden Künste und der Filmkunst. Ein Werk genießt als Ganzes und in seinen Teilen urheberrechtlichen Schutz nach den Vorschriften dieses Gesetzes" (UrhG, 2024, § 1, Abs. 1–2, S. 1). GAI stellt im Bereich des geistigen Eigentums ein Problem dar, weil sie darauf ausgelegt ist, Inhalte basierend auf den erhaltenen Inputs zu generieren. Dadurch kann es passieren, dass einige AI generierte Inhalte originale und urheberrechtlich geschützte Werke unverändert ausgeben oder diese widerspiegeln (Fui-Hoon Nah et al., 2023, S. 290). Beispielsweise wurde bei GAIs, die sich auf die Bildgenerierung spezialisiert haben, wie DALL-E, gezeigt, dass sich einzelne Bilder aus den Trainingsdaten gemerkt werden und diese dann wieder zur Echtzeit bei der Generierung ausgeben werden (Kenthapadi et al., 2023, S. 2).

Die Generierung dieser urheberrechtsverletzenden Inhalte kann zwei Erscheinungsformen haben. Erstens könnten illegale Kopien bestehender Werke erstellt werden, wodurch das Vervielfältigungsrecht der Urheberin oder des Urhebers verletzt wird. Dies kann unter anderem dadurch passieren, dass die AI auf geschützten Originalinhalten trainiert wurde und diese wieder unverändert ausgibt. Eine einfache Lösung für dieses Problem ist es, die Trainingsdaten frei von urheberrechtlich geschützen Inhalten zu halten. Es gilt jedoch zu beachten, dass dies keine vollständige Lösung für dieses Problem darstellt. Trotz dieser Maßnahme kann es zu Urheberrechtsverletzungen kommen, obwohl die GAI noch nie zuvor ein geschütztes Werk gesehen hat. Dies kann beispielsweise bei der Generierung eines Logos passieren, das zufällig einem markenrechtlich geschützten Logo ähnelt. Die zweite Erscheinungsform besteht darin, dass die GAI abgeleitete Werke vom Original erstellt, wodurch das Transformationsrecht der Urheberin oder des Urhebers verletzt wird (Feuerriegel et al., 2024, S. 118). Die Verantwortung für diese generierten Inhalte fällt immer den Userinnen und Usern zu, die demnach vorsichtig sein müssen, um sicherzustellen, dass das GAI-System in einer rechtlich zulässigen Weise verwendet wurde, sodass die von dem System generierten Inhalte keine Urheberrechtsverletzungen darstellen. Ein weiterer Punkt in dieser Thematik ist, ob der GAI das Recht als Urheber zugesprochen werden soll oder nicht. Zumindest laut dem U.S. Copyright Gesetzen ist dies noch nicht möglich, weil die Werke nicht von einem Menschen erstellt wurden (Fui-Hoon Nah et al., 2023, S. 290).

3.6.6 Umweltbedenken

Es bestehen umweltliche Bedenken bezüglich des ökologischen Fußabdrucks, der durch die Entwicklung und das Betreiben von AI-Systemen entsteht. Diese Bedenken wurden durch steigende technische Voraussetzungen für das Training und das Betreiben sowie dem damit verbundenen hohen Stromverbrauch verstärkt (Banh und Strobel, 2023). Dieser hohe Ressourceneinsatz ist nötig, weil GAI-Systeme meist auf tiefen neuronalen Netzen basieren, welche einen hohen Energieanspruch aufweisen. Hochrechnungen zufolge beträgt der Kohlenstoffausstoß für das Training eines GAI-Modells wie GPT-3 552 Tonnen CO_2, was dem jährlichen CO_2-Ausstoß mehrerer Dutzend Haushalte entspricht (Feuerriegel et al., 2024, S. 118). Aus Sicht des Energieverbrauchs lässt sich feststellen, dass das Training von GPT-3 einen Verbrauch von 1.287 MWh verursacht hat (Thormundsson, 2024). Dies entspricht dem durchschnittlichen Stromverbrauch von 55 Wiener Haushalten pro Jahr (Wien, 2023, S. 17). In der Forschung wird aktiv nach Lösungen gesucht, um diese Herausforderung zu bewältigen. Lösungsansätze sind z.B. die Entwicklung und Bereitstellung von umweltfreundlicheren AI-Algorithmen, die Entwicklung effizienterer Trainingsalgorithmen, die Komprimierung der Größe neuronaler Netzwerkarchitekturen oder die Optimierung von Hardware (Feuerriegel et al., 2024, S. 118).

3.6.7 Wandel in der Arbeitswelt

Die Fähigkeit von GAI, qualitativ hochwertige, individuelle und realistische Inhalte zu produzieren, lässt die Grenze, ab der Maschinen menschliche Aufgaben übernehmen können, zunehmend verschwimmen. Dies hat auch Auswirkungen auf den Arbeitsmarkt (Banh und Strobel, 2023, S. 11). GAI kann in vielen unterschiedlichen Bereichen und Branchen Einsatz finden, wie in der Bildung, im Marketing, im Gesundheitswesen oder in der Softwareentwicklung. Dieser Einsatz bringt nicht nur Steigerungen der Produktivität mit sich, sondern auch Veränderungen in der Berufswelt. Es ist davon auszugehen, dass eine neue Arbeitsaufteilung zwischen Mensch und Maschine das Berufsleben in den nächsten Jahren prägen wird. Einige Berufe, die aktuell noch von Menschen ausgeübt werden, könnten sich als entbehrlich herausstellen und durch Algorithmen ersetzt werden (Fui-Hoon Nah et al., 2023, S. 291–292). Ein Beispiel dafür ist der Beruf des freiberuflichen Fotografen. Für Nachrichtenagenturen wäre es einfacher und kosteneffizienter Bilder von DALL-E oder Midjourney zu beziehen, anstatt Stockfotos zu kaufen. Auch wenn diese Ablösung durch Algorithmen nicht stattfindet, besteht das Risiko, dass sich die Berufswelt anderweitig verändert, was auch Veränderungen in den Machtverhältnissen nach sich ziehen kann (Sætra, 2023, S. 3). Auf der anderen Seite kann der Einsatz von GAI auch neue Arbeitsplätze in unterschiedlichen Branchen schaffen. Dieser Wandel in der Arbeitswelt macht Umschulungen notwendig, um am Arbeitsmarkt wettbewerbsfähig zu bleiben und um Vorteile in Zusammenarbeit mit AI zu schaffen (Fui-Hoon Nah et al., 2023, S. 292). Da die Ausübung menschlicher Tätigkeiten durch Maschinen stark von der Leistung dieser Maschinen abhängt, hat McKinsey & Company diesen Aspekt in Bezug auf GAI genauer betrachtet. Abbildung 3.7 zeigt die Erwartungen von Expertinnen und Experten, wann GAI die mittlere Leistungsfähigkeit und wann die oberen Quartile unterschiedlicher menschlicher Fähigkeiten erreichen soll (Chui et al., 2023).

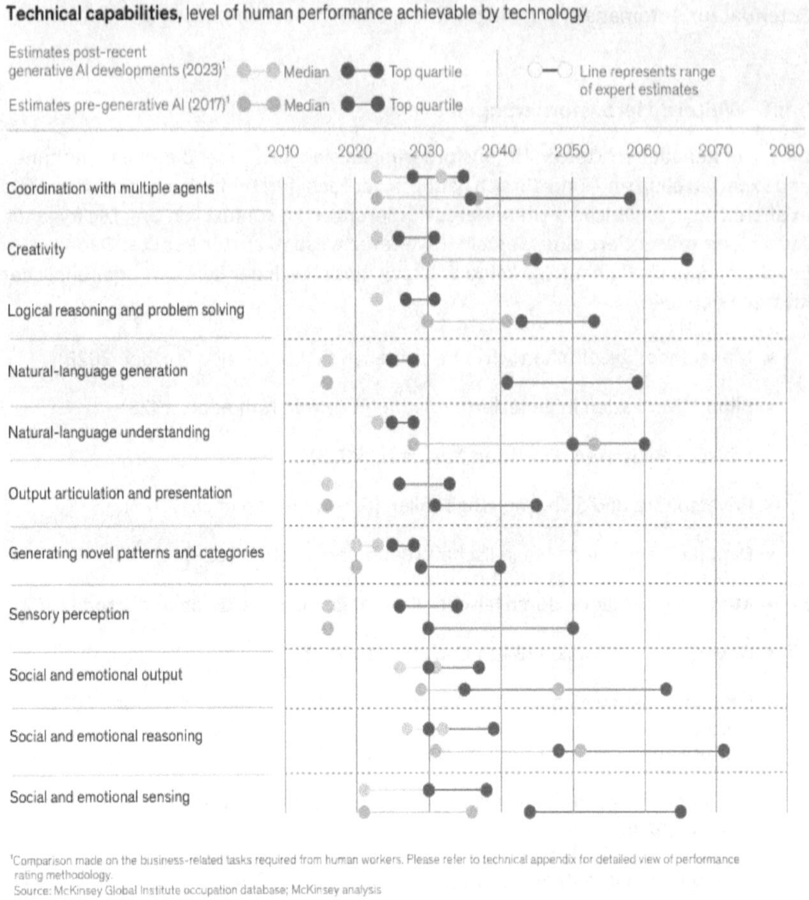

Abbildung 3.7: Erwartungen von Expertinnen und Experten, wann GAI die menschliche Leistungsfähigkeit in unterschiedichen Bereichen erreicht (Chui et al., 2023, S. 37).

Im Vergleich zu bisherigen Technologien, die Arbeitsaufgaben von Menschen automatisiert oder beeinflusst haben, könnte GAI große Auswirkungen auf Aktivitäten und Berufe haben, die bisher das geringste Potenzial zur Automatisierung hatten. Die letzten Generationen von Automatisierungstechnologien waren besonders effektiv darin, Aufgaben im Zusammenhang mit der Datenerfassung und -verarbeitung zu automatisieren. Die Fähigkeit von GAI, mit natürlicher Sprache umzugehen, erhöht das Automatisierungspotenzial derartiger Aufgaben zu einem gewissen Grad weiter. Die Auswirkung von GAI auf körperliche Arbeitsaktivitäten ist jedoch viel geringer, was nicht überraschend ist, da die Technologie grundsätzlich darauf ausgerichtet ist, kognitive Aufgaben zu erfüllen. Dementsprechend wird GAI voraussichtlich den größten Einfluss auf Wissensarbeit haben, insbesondere auf Aktivitäten, die Entscheidungsfindung und Zusammenarbeit beinhalten, welche bisher das geringste Potenzial zur Automatisierung aufgewiesen haben (Chui et al., 2023, S. 40).

3.6.8 Weitere Herausforderungen

Die zuvor genauer erörterten Herausforderungen sind jene, über die sich Expertinnen und Experten einig sind, und die sich häufig in der Fachliteratur finden lassen. Allerdings existieren noch zahlreiche weitere Herausforderungen im Kontext von GAI. Die folgende Aufzählung präsentiert eine Übersicht weiterer wesentlichster Punkte. Dabei ist zu beachten, dass die Reihenfolge keine Wertung hinsichtlich der Relevanz oder ähnlicher Kriterien darstellt:

- Mangelndes gesellschaftliches Vertrauen in GAI (Banh und Strobel, 2023)
- Blindes Vertrauen in generierte Inhalte (Fui-Hoon Nah et al., 2023)
- Ethische Bedenken (Fui-Hoon Nah et al., 2023)
- Privatsphäre und Sicherheitsbedenken (Fui-Hoon Nah et al., 2023)
- Digitale Trennung der Gesellschaft (Banh und Strobel, 2023)
- Misskommunikation durch falsches Prompt Engineering (Banh und Strobel, 2023)
- Governance Bedenken (Banh und Strobel, 2023)
- Einkommensungleichheit und Monopolbildungen (Banh und Strobel, 2023)
- Einfluss auf Politik und Demokratie (Sætra, 2023)
- Abnahme der kognitiven Leistungsfähigkeit durch das Auslagern von Aufgaben (Sætra, 2023)
- Manipulation und Beeinflussung durch GAI (Sætra, 2023)
- Ersatz zwischenmenschlicher Beziehungen (Sætra, 2023)

GAI bietet große Vorteile und hat das Potenzial, ganze Domänen wie Kunst, Kultur oder Marketing zu revolutionieren, indem es eine breite Anzahl an Operationen unterstützt, erweitert oder automatisiert und neue Dienste bietet. Trotzdem zeigt dieses Kapitel, dass es notwendig ist, die einhergehenden Herausforderungen vollständig zu verstehen und somit Risiken zu minimieren. Die weitreichenden Auswirkungen von GAI, von schlechter Datenqualität über gesellschaftlichen Missbrauch bis hin zu den Umweltbedenken, erfordern ein proaktives und nachhaltiges Engagement von Forscherinnen und Forschern sowie von Praktikerinnen und Praktikern, um angemessene Lösungen für diese Herausforderungen zu finden. So kann sichergestellt werden, dass eine verantwortungsbewusste und vorteilhafte Integration von GAI in unsere digitalisierte Gesellschaft stattfindet (Banh und Strobel, 2023, S. 11).

3.7 Zukunftsaussichten von GAI

ChatGPT hat bereits den Turing-Test bestanden, indem es Menschen davon überzeugt hat, dass die generierten Antworten von Menschen und nicht von einer Machine stammen. Es wird erwartet, dass diese hochmoderne Technologie die Gesellschaft sowie die Art und Weise wie wir leben, arbeiten, kommunizieren und lernen revolutionieren wird (Fui-Hoon Nah et al., 2023, S. 277). Das vorliegende Kapitel befasst sich mit der technischen Weiterentwicklung von GAI sowie der Überwindung offener Herausforderungen in der Zukunft. Zudem wird erörtert, wie GAI unterschiedliche Bereiche prägen wird.

3.7.1 Technische Verbesserungen

Der aktuelle technische Stand von GAI ermöglicht es bereits Aufgaben zu Automatisierung, die zuvor unmöglich waren, wie beispielsweise virtuelle Assistenten, personalisierte Dienstleistungen oder digitale Kunst. Trotzdem existieren noch technische Einschränkungen dabei, wie GAI Schlussfolgerungen zieht (Feuerriegel et al., 2024, S. 123). In diesem Unterkapitel wird auf erwartete zukünftige technische Entwicklungen von GAIs eingegangen.

Domänenspezifische Anpassung

Eine zentrale Herausforderung ist die effektive Anpassung generativer AI-Modelle für spezifische Anwendungsdomänen. Um beispielsweise konversationsbasierte Modelle für Anwendungen in der Medizin oder Finanzwirtschaft zu entwickeln, sind neuartige und skalierbare Techniken erforderlich, die eine höhere Kontextualisierung ermöglichen (Feuerriegel et al., 2024, S. 119). Besonders zu berücksichtigen sind dabei Hochrisikobereiche, wie z.B. das Gesundheitswesen, Finanzdienstleistungen, autonomes Fahren oder wissenschaftliche Entdeckungen, da diese Bereiche eine drastisch kleinere Fehlertoleranz aufweisen als andere. In diesen Bereichen ist ein hohes Maß an Genauigkeit, Zuverlässigkeit und Transparenz erforderlich, während eine Fehlertoleranz im Hinblick auf die ausgeführten Aufgaben nicht akzeptabel ist. Zusätzlich wäre zu den generierten Inhalten eine Angabe von Quellen und Begründungen durch das Modell sinnvoll. Nur wenn Fachleute nachvollziehen können, wie die Antworten generiert wurden und wo diese herkommen, können sie das Modell sicher in ihren Aufgaben nutzen (Cao et al., 2023, S. 29). Bei der Anpassung von GAI-Modelle in diese Richtung muss sichergestellt werden, dass die Sicherheit von Daten gewährleistet ist und ein Offenlegen dieser Daten verhindert wird. Darüber hinaus sind neue Frameworks für die Konzeption von Prompts notwendig, welche aus einer benutzerorientierten Perspektive entworfen sind, um die Interpretierbarkeit und Benutzerfreundlichkeit zu optimieren. Insgesamt zeigt sich, dass trotz des beachtlichen Fortschritts in diesem Bereich noch einige Herausforderungen zu lösen sind, um GAI-Systeme für praxisrelevante Anwendungen in Hochrisikobereichen zu optimieren (Feuerriegel et al., 2024, S. 119).

Skalierung

Abgesehen von den domänspezifischen Problemen, stellt die Skalierung häufig ein allgemeines Problem bei groß angelegten Vortrainings dar. Begrenzungen in Bezug auf verfügbare Budgets, Datensätze und Modellgröße beeinflussen das Training maßgeblich. Bei der laufend zunehmenden Größe der Vortrainingsmodelle steigen auch die benötigten Trainingszeiten und Ressourcen deutlich an. Dies stellt Forscher*innen und Organisationen vor die Herausforderung, groß angelegte Vortrainings für verschiedene Aufgaben wie NLP, Computer Vision und Spracherkennung effizient zu nutzen. Ein weiteres Problem betrifft die Effektivität des Vortrainings mit sehr umfangreichen Datensätzen. Wenn Hyperparameter, wie Modellgröße oder Datenmenge, nicht richtig gesetzt wurden, kann das zu suboptimalen Ergebnissen oder einer Ressourcenverschwendung führen, wodurch gewünschte Trainingsergebnisse nicht erreicht werden. Unterschiedliche Ansätze wurden bereits vorgeschlagen, um diese Herausforderungen zu lösen. Diese Ansätze liefern wichtige Erkenntnisse bezüglich der Komplexitäten des Trainings mit großen Datenmengen und über Feinheiten, die zu Leistungssteigerungen in verschiedenen Trainingsbereichen führen können (Cao et al., 2023, S. 29–30).

Generalisierung und Spezialisierung

Im Rahmen der Trainingsgestaltung von GAI ist eine Abwägung zwischen den Aspekten der Generalisierung, Spezialisierung sowie dem damit verbundenen Zeit- und Kostenaufwand erforderlich. AIGC hängt stark von den zugrundeliegenden Basismodellen ab, welche auf unterschiedlichen Datensätzen trainiert wurden, die entweder durch Crawling gesammelt oder sorgfältig ausgewählt wurden. Zu diesem Thema besteht die Diskussion, dass das Training mit vielfältigeren Datensätzen nicht immer eine bessere Leistung für Downstream Tasks mit sich bringt, als der Einsatz spezialisierterer Basismodelle. Die sorgfältige Erstellung hochspezialisierter Trainingsdaten bringt jedoch einen hohen Zeit- und Kostenaufwand mit sich. Ein besseres Verständnis von domänenübergreifenden Repräsentationen könnte zukünftig die Gestaltung von Trainingsdatensätzen prägen, die eine Balance zwischen Verallgemeinerung und Spezialisierung bieten (Cao et al., 2023, S. 29).

Kontinuierliches Lernen

Nicht nur die Spezialisierung des Trainings ist für die Zukunft relevant, sondern auch das laufende Lernen von neuem Wissen. Die ständig wachsende menschliche Wissensbasis und die Entstehung neuer Aufgaben erfordern, dass AI-Systeme nicht nur ihr bereits erlerntes Wissen abrufen, sondern auch dazu in der Lage sind, aus neuen Informationen zu lernen und Schlussfolgerungen zu ziehen. In einigen Fällen kann das kontinuierliche Lernen für Downstream Tasks ausreichen, während das Vortraining von den Basismodellen unverändert bleibt. In anderen Fällen kann es jedoch erforderlich sein, auch für das Basismodell ein kontinuierliches Lernen zu gewährleisten. Es wurde jedoch auch beobachtet, dass das kontinuierliche Lernen nicht immer zu besseren Ergebnissen führt, als ein komplettes Neutraining der Modelle. Dies erfordert ein tieferes Verständnis dafür, wann die kontinuierliche Lernstrategie und wann eine Neutraining-Strategie angebracht ist. Darüber hinaus kann das vollständige Neutraining von Grundlagenmodellen möglicherweise hinderlich sein. Modulare Entwürfe der nächsten Generation von Grundlagenmodellen könnten hilfreich sein, indem sie aufzeigen, welche Teile des Modells neu trainiert werden sollten (Cao et al., 2023, S. 29).

Logisches Denken und Schlussfolgerungen

Aus den gelernten Daten gilt es, Schlussfolgerungen zu ziehen. Dies ist eine entscheidende menschliche Eigenschaft, die es uns erlaubt, Entscheidungen zu treffen und komplexe Probleme zu lösen. Trotz des Trainings mit großen Datensätzen können AI-Modelle manchmal bei einfachen Aufgaben, die mit gesundem Menschenverstand lösbar sind, versagen. In letzter Zeit haben sich immer mehr Forscher*innen auf dieses Problem konzentriert und „Chain-of-Thought (CoT)" Prompting stellt sich bisher als eine vielversprechende Lösung heraus. Dieser Ansatz zielt darauf ab, die Fähigkeit von LLMs zu verbessern und logisches Denken im Zusammenhang mit der Beantwortung von Fragen zu erlernen. Die Modelle erklären dabei den logischen Schlussfolgerungsprozess, den Menschen verwenden, um Antworten zu erhalten. Folglich können sie den gleichen Weg verfolgen, den Menschen bei der Verarbeitung ihrer Schlussfolgerungen nehmen. Durch das Verwenden dieses Ansatzes können LLMs eine höhere Genauigkeit und bessere Leistung bei Aufgaben erzielen, die logisches Denken erfordern. Obwohl CoT auch schon auf andere Bereiche, wie z.B. die Codegenerierung, angewendet wurde, ist es weiterhin ein Problem, wie CoT-Prompts für spezifische Aufgaben konstruiert werden müssen (Cao et al., 2023, S. 29).

3.7.2 Überwinden von Herausforderungen

GAI-Modelle gehören zu den disruptivsten technologischen Durchbrüchen der letzten Jahre. Mit dem enormen Potenzial, neue Inhalte wie Texte, Bilder und Videos zu produzieren, gehen jedoch auch Herausforderungen und Risiken in den Bereichen Ethik, Technologie, Rechtsprechung, Politik sowie Wirtschaft einher. Einige dieser Herausforderungen wurden im Kapitel 3.6 bereits genauer beschrieben. Damit GAI zukünftig weiterhin erfolgreich sein kann, muss sie diese Herausforderungen überwinden und sich mehr auf die Menschen ausrichten, indem sie Punkte wie Empathie und menschliche Bedürfnisse, Transparenz und Erklärbarkeit oder Ethik und Governance berücksichtigt (Fui-Hoon Nah et al., 2023, S. 296). Einige Lösungsansätze, die zukünftig zur Überwindung von Herausforderungen wichtig werden könnten, sowie unbeantwortete Fragen, die damit einhergehen, werden in diesem Kapitel genauer erläutert.

Bias

Aufgrund des Trainings von GAIs auf großen Mengen ungefilterter Daten können Vorurteile, Stereotypen oder schädliche Inhalte in den Outputs enthalten sein (Jovanovic und Campbell, 2022, S. 110). Um dieses Risiko zu reduzieren müssen Strategien Entwickelt werden, um Biases zu erkennen, zu mindern oder völlig zu verhindern. Dadurch können einerseits die User*innen geschützt und andererseits auch der Ruf der Unternehmen, die das GAI-System entwickeln, bewahrt werden (Banh und Strobel, 2023, S. 8). Eine dieser Strategien könnte ein strukturiertes Testverfahren sein, wo unterschiedliche Usergruppen gemeinsam mit Expertinnen und Experten das GAI-System evaluieren (Fui-Hoon Nah et al., 2023, S. 285). Dies könnte im Rahmen von RLHF geschehen, wobei das Feedback der Tester*innen dazu beiträgt, die Ausgaben des Systems zu verfeinern und eine bessere Ausrichtung auf menschliche Erwartungen und Ziele zu ermöglichen (Banh und Strobel, 2023, S. 8). Ein Beispiel dafür hat OpenAI bereits mit InstructGPT auf den Markt gebracht. InstructGPT bringt Language Models mit menschlichen Präferenzen in Einklang, indem es menschliches Feedback durch ein Belohnungssystem einbezieht, um so Modelle feinzujustieren und sicherzustellen, dass Antworten relevant und sicher sind (Cao et al., 2023, S. 27–28). Außerdem wäre es notwendig, dass von GAI-Anbieter Tools entworfen werden, die eine Vorverarbeitung und sorgfältige Verwaltung von Trainingsdaten erlauben, sowie den Generierungsprozess überwachen und moderieren (Jovanovic und Campbell, 2022). Schließlich würde auch eine erhöhte Transparenz und Erklärbarkeit von GAI dazu beitragen, Biases zu identifizieren, wodurch frühzeitig entsprechende Gegenmaßnahmen ergriffen werden können. Es ist zu erkennen, dass die Herausforderungen und auch die Lösungsansätze Wechselwirkungen untereinander aufweisen (Fui-Hoon Nah et al., 2023, S. 285).

Erklärbarkeit

Um die Mechanismen hinter einem tiefen neuronalen Netz zu erklären, ist eine Analyse der Eingabedaten (ebenfalls als Features bezeichnet) notwendig. Nur so kann festgestellt werden, welche Eingabedaten die Ergebnisse in welcher Weise beeinflussen, wodurch die Blackbox des tiefen neuronalen Netzes teilweise verstanden werden kann. Es bleibt heutzutage jedoch weiterhin problematisch festzustellen, welche Neuronen die Synthese welcher Ausgabeobjekte beeinflusst haben. Insbesondere bei GANs gilt es, das übergeordnete Problem der Wechselwirkung zwischen zwei neuronalen Netzen zu klären. In einer aktuellen Studie beweist Veličković, dass ein tieferes Verständnis der Arbeitsweise von GAI-Modellen und Erklärungen immer noch fehlen. In dieser Studie haben Mathematiker die von einem Modell produzierten Erklärungen übernommen und versucht, auf Grundlage dieser eine mathematische

Theorie zu beweisen, was sich als wesentlich schwerer herausgestellt hat als erwartet. Es gelang den Mathematikern nach zwei Wochen ein Signal zu erkennen, was inmitten von großen Rauschen verborgen war. Dementsprechend sind die aktuellen Erklärungsmethoden unzureichend. Es werden Erklärungstechniken mit weniger Rauschen benötigt, wenn diese wirklich für jeden zugänglich gemacht werden sollen (Jovanovic und Campbell, 2022, S. 110). Die Forschung sollte sich auf die Entwicklung von Designprinzipien konzentrieren, die die Erklärbarkeit von GAI fördern und so zu einer besseren Interpretierbarkeit sowie zu einem verbesserten Verständnis und Vertrauen führen (Feuerriegel et al., 2024, S. 122).

Transparenz

GAI-Modelle erlauben es, sehr schnell Artefakte für unterschiedlichste Bereiche, wie Bildung oder Medizin, zu erzeugen. Bevor die Modelle jedoch zur Verfügung gestellt werden, sollten die Ersteller*innen dieser Modelle klare Ziele und Zielgruppen definieren, sowie Nutzungsszenarien mit den Nutzerinnen und Nutzern abklären, um eine unethische Verwendung zu vermeiden. Dies erfordert, dass alle betroffenen Stakeholder, wie GAI-Wissenschaftler*innen, Fachexpertinnen und -experten, Regulierungsbehörden und Zielnutzer*innen, identifiziert und aktiv einbezogen werden. Darüber hinaus muss es Userinnen und Usern möglich sein, Vorteile und Risiken von GAI-Produkten abzuwägen. Deswegen sollten sich Organisationen, die GAI-Systeme erstellen, trainieren und bereitstellen, dafür einsetzen, Risiken der Modelle zu minimieren. Um dies zu schaffen müssen Teams transparent und proaktiv identifizierte Bedrohungen, Ungewissheiten und Risiken kommunizieren, während sie gleichzeitig Vorteile des GAI-Systems hervorheben (Jovanovic und Campbell, 2022, S. 110).

Missbrauch

Wie bereits im Kapitel 3.6.4 erläutert, gibt es unterschiedliche Ansätze, GAI-Tools missbräuchlich einzusetzen. Bisherige Maßnahmen, wie der AI Act, bieten zwar einen Anfang in die richtige Richtung, aber noch keine vollständige Lösung des Problems. Einige Forscher*innen sind der Meinung, dass es zukünftig wichtig wird, Grenzen für die Nutzung von GAI festzulegen. Diese Regulierung könnte durch Gesetze erfolgen. Durch eine Kombination von bestehenden Gesetzen, die an GAI angepasst werden müssten, wie z.B. Gesetze gegen Diskriminierung, und neuen Gesetzen, die extra für AI entworfen wurden, wie z.B. der AI Act, könnten diese Grenzen aufgezogen werden. Neben dieser Regulierung ist hier ebenfalls die Frage der Transparenz in Bezug auf die Verwendung von LLMs wichtig. Einige wissenschaftliche Verlage haben beispielsweise dazu aufgerufen, die Nutzung von LLMs in Forschungsarbeiten offenzulegen. Die Zeitschrift „Science" hat diesen Ansatz noch weitergeführt und eine Einbindung von Texten, die von ChatGPT oder einem anderen GAI-Tool generiert wurden, völlig ausgeschlossen. Im Bildungssektor sehen sich Lehrer*innen demselben Problem gegenüber und erwarten sich ein ähnliches Verhalten von ihren Schülerinnen und Schülern (Stokel-Walker und Van Noorden, 2023, S. 216).

Eine zentrale Frage mit technischen Bezug ist, ob AI-generierte Inhalte leicht erkannt werden können. In der Forschung wird aktuell an Tools gearbeitet, bei denen die zentrale Idee darin besteht, LLMs zu nutzen, um GAI generierte Inhalte zu erkenne. Diese Tools können unterschiedliche Ansätze verfolgen, wie beispielsweise die „Perplexität" oder „Bustiness". Die Perplexität ist ein Maß dafür, wie vertraut der Text für ein LLM ist. Wenn das zugrundeliegende LLM also der Meinung ist, dass Wörter und Sätze vorhersehbar sind, ist der Text vermutlich AI-generiert. Bei der Burstiness untersucht das Tool die Variation im Text. AI-generierte Texte haben die Tendenz dazu, konsistenter in Bezug auf Ton und Kadenz zu sein, als von Menschen geschriebene Texte. Viele unterschiedliche Anbieter haben bereits Produkte auf den Markt gebracht, um AI-generierte Inhalte zu erkennen, darunter auch OpenAI. Im Bereich der Forschung werden große Hoffnungen in ein Tool von Turnitin, einem Entwickler von Anti-Plagiatssoftware, gelegt, welches bereits an Schulen, Universitäten und bei wissenschaftlichen Verlagen weltweit eingesetzt wird. Keines dieser Tools behauptet jedoch unfehlbar zu sein, insbesondere wenn AI-generierte Text im Anschluss noch bearbeitet wurden. Außerdem besteht das Risiko, dass menschlich geschriebene Texte fälschlicherweise vom Detektor als KI-generiert gekennzeichnet werden. So sagt Scott Aaronson, ein Informatiker an der University of Texas und Gastforscher bei OpenAI, dass das Tool der Firma im Test 9 % der menschlich geschriebenen Texte als AI-generiert bezeichnet und nur 26 % der AI-generierte Texte korrekt identifiziert. Es ist also zu erkennen, dass in diesem Bereich zukünftig noch Verbesserungsbedarf besteht und aktuell noch weitere Beweise notwendig sind, bevor beispielsweise einer Studentin oder einem Studenten die Verwendung von GAI vorgeworfen werden kann (Stokel-Walker und Van Noorden, 2023, S. 216).

Eine andere Möglichkeit um AI-generierte Inhalte zu erkennen, ist das Versehen der Inhalte mit Wasserzeichen. Tom Goldstein, ein Informatiker an der University of Maryland in College Park, schlug eine Möglichkeit zur Erstellung von Wasserzeichen vor. Die Idee besteht darin, Zufallszahlgeneratoren zu bestimmten Zeitpunkten einzusetzen, während das LLM Inhalte generiert, um so Listen von alternativen Wörtern zu erstellen, aus denen das LLM auswählen kann. So hinterlässt das LLM im endgültigen Text eine Spur aus gewählten Wörtern, die für die Leser*innen zwar nicht offensichtlich sind, aber statistisch identifiziert werden können. Zwar ist auch diese Methode nicht unfehlbar und kann durch Textänderungen umgangen werden, jedoch sagt Goldstein, dass dafür mindestens die Hälfte der Wörter verändert werden müssen. Dies macht Missbrauchsversuche zwar schwieriger, aber trotzdem nicht unmöglich (Stokel-Walker und Van Noorden, 2023, S. 216).

Copyright und Urheberrecht

Beim Thema Urheberrecht gilt es, zukünftig die beiden Herausforderungen zu lösen, dass einerseits AI-Systeme auf großen Mengen urheberrechtlich geschützter Daten trainiert werden und andererseits, wie mit den Outputs von GAI umgegangen werden soll. Immer häufiger tauchen Klagen aufgrund der missbräuchlichen Verwendung von Daten anderer durch Gruppen von Einzelpersonen oder Unternehmen, wie Getty Images, auf, die sich gegen GAI-Anbieter richten (Peres et al., 2023, S. 274). Beispielsweise gab es ein Rechtsverfahren gegen OpenAI, Microsoft und die Tochterfirma GitHub wegen Softwarepiraterie aufgrund der Erstellung des Coding-Assistenten Copilot (Stokel-Walker und Van Noorden, 2023, S. 216). Dies zeigt, dass Gruppen wie Schriftsteller*innen, Künstler*innen, Programmierer*innen und andere Inhaltsersteller*innen darüber besorgt sind, dass AI-Systeme auf urheberrechtlich geschützten Daten trainiert werden, ohne Zustimmung, Anerkennung oder Entschädigung (Peres et al., 2023, S. 274). Dieser öffentliche Aufschrei könnte nach Lilian Edwards, einer Spezialistin für Internetrecht an der Newcastle University, zukünftig eine Änderung von Gesetzen erzwingen (Stokel-Walker und Van Noorden, 2023, S. 216). In Bezug auf das Thema, wie und ob GAI-Outputs als geistiges Eigentum geschützt werden sollen, gibt es noch viele Unsicherheiten und offene Fragen. Einerseits können generierte Inhalte nicht als „Produkt menschlicher Autorschaft" betrachtet und somit auch nicht geschützt werden. Andererseits sind Menschen über die Eingabe von Prompts zu einem gewissen Teil beteiligt. So argumentieren beispielsweise Rechtsberater*innen von AI-Unternehmen, dass wenn ein*e Künstler*in kreative Kontrolle über ein Bildgenerierungstool ausübt, das Ergebnis auch schützbar ist. Peres et al. sind hingegen der Meinung, dass Verbraucherforscher*innen und Psychologinnen und Psychologen durch Verhaltensexperimente zukünftig wichtige Erkenntnisse für offene Fragen liefern werden. Beispielsweise inwieweit ein Mensch Anerkennung dafür erhält, ein Kunstwerk mithilfe von GAI geschaffen zu haben. Es bestehen also noch einige offene Fragen. Beispielsweise, ob die Möglichkeit, von GAI geschaffene Inhalte rechtlich zu schützen, vom Grad der menschlichen Beteiligung abhängen. Ebenfalls ist es unsicher, inwiefern sich dieser Sachverhalt von Ghostwriting oder der Beschäftigung von Mitarbeiterinnen und Mitarbeitern, die lediglich Anweisungen der Hauptkünstlerin oder des Hauptkünstlers folgen, unterscheidet (Peres et al., 2023, S. 274).

Wandel in der Arbeitswelt

Wie bereits im Kapitel 3.6.7 beschrieben, führt GAI vermutlich nicht zu einem Verlust an Arbeitsplätzen, sonder bringt einen Wandel von benötigten Fähigkeiten und neue Formen der Zusammenarbeit mit sich. Zukünftig werden also Umschulungsmaßnahmen am Arbeitsmarkt notwendig sein, um neue Fähigkeiten zu erlernen und um eine gute Zusammenarbeit mit GAI zu ermöglichen, was zu einzigartigen Vorteilen führen kann (Fui-Hoon Nah et al., 2023, S. 291–292). Des Weiteren sollte die Forschung in den Bereichen Informationssysteme und Personalmanagement über die Nutzung von GAI zur reinen Optimierung und Erreichung organisatorischer Ziele hinausgehen. Es muss zukünftig ebenfalls berücksichtigt werden, wie der Einsatz von GAI das Wohlbefinden von Mitarbeiterinnen und Mitarbeitern am Arbeitsplatz beeinflusst, insbesondere bei kreativen Berufen. Es ist wichtig die Auswirkungen des Einsatzes von GAI in Organisationen auf die psychischen und kognitiven Zustände der Mitarbeitenden sowie auf deren Interaktionen und Zusammenarbeit zu verstehen. Des weiteren besteht die Gefahr, dass GAI als dominierende kreative Kraft in verschiedenen Branchen die Arbeit nicht nur unterstützt, sondern kreative Prozesse vollkommen übernimmt. Es ist sehr wenig darüber bekannt, welche langfristigen Auswirkungen das haben könnte und wie Personen in kreativen Berufen darüber denken, dass undurchsichtige Algorithmen den kreativen Teil ihrer Arbeit bestimmen könnten. In diesem Zusammenhang ist es von entscheidender Bedeutung, die Möglichkeiten und Grenzen des GAI-Einsatzes zu verstehen, um sicherzustellen, dass sich die Mitarbeitenden bei der Ausübung ihrer kreativen Tätigkeiten nicht kontrolliert fühlen und der kreative Prozess optimal ergänzt wird. Schlussendlich wird es zukünftig auch von Interesse sein, Kollaboration in GAI-Tools zu berücksichtigen, die sich bisher großteils auf individuelle Eingaben stützen. Die Optimierung des Endprodukts stellte bislang den Fokus von GAI-Tool dar. Eine Unterstützung oder Neudefinition der Zusammenarbeit von Fachkräften wurde dabei vernachlässigt (Ooi et al., 2023, S. 21–22).

3.7.3 Einfluss in unterschiedlichen Bereichen

Obwohl gegenwärtig diverse Herausforderungen zu bewältigen sind, birgt GAI ein beträchtliches Potenzial für eine Vielzahl von Anwendungsmöglichkeiten in diversen Bereichen. Bei erfolgreicher Bewältigung dieser Herausforderungen könnte GAI noch effizienter zum Einsatz kommen. Die Auswirkungen könnten sich ähnlich umfassend entfalten wie bei der Entstehung des Internets oder der Einführung von Smartphones (Ooi et al., 2023, S. 1). In diesem Kapitel werden einige dieser Auswirkungen in unterschiedlichen Bereichen näher betrachtet.

Unternehmen

Unternehmen können in vielen unterschiedlichen Bereichen durch den Einsatz von GAI profitieren, beispielsweise in den Bereichen Marketing und Sales, IT und Engineering, Rechtsberatung, Human Resources oder Rechnungswesen. Konkrete aktuelle oder zukünftige Einsatzgebiete sind die Verwendung von GAI als Chatbots zur Kundenbetreuung und Beratung oder als Tool, um Buchhaltungs- und Personalaufgaben zu erfüllen oder Werbung zu generieren. GAI wird also bereits im Unternehmenskontext eingesetzt, bietet jedoch noch nahezu unbegrenzte Potenziale. Neben den vielen Vorteilen, die GAI im Unternehmenskontext bietet, wie die Steigerung der Effizienz oder die Generierung von kreativen Inhalten wie Werbung, welche schlussendlich zu einer höheren Profitabilität führen, gehen auch einigen Risiken einher. So besteht beispielsweise durch Halluzinationen die Gefahr, Falschinformationen zu erstellen, die sich auf das Vertrauen der User*innen auswirken. Ebenfalls ist es wichtig, proprietäre Unternehmensinformationen zu schützen, die durch die Verwendung von öffentlichen GAI-Systemen, wie ChatGPT, an die Öffentlichkeit geraten könnten. Dies kann verhindert werden, indem die Daten nicht für Trainingszwecke für ChatGPT oder andere GAI-Systeme zur Verfügung gestellt werden. Für Unternehmen wird es von entscheidender Bedeutung sein, Vorteile zu steigern und potenzielle Schäden sowie Risiken zu minimieren (Fui-Hoon Nah et al., 2023, S. 280–281).

Betrachtet man einzelne Unternehmensbereiche genauer, so werden die Mehrwerte ersichtlich. Ein Musterbereich, der durch GAI unterstützt werden kann, ist Marketing, wo die Leistung von Marketinginhalten verbessert und die Marketingkosten gleichzeitig gesenkt werden können (Peres et al., 2023, S. 273). Dies kann durch die Förderung spezifischer Maßnahmen erreicht werden. Dazu zählt die Förderung einer höheren Personalisierung von Produkten, Dienstleistungen und Werbeinhalten, sowie die Möglichkeiten zur einfachen Analyse von Marketingdaten, um Kundeninformationen zu gewinnen. Zudem ist die Entwicklung von Differenzierungsstrategien im Pricing durch die Einführung von Premiumpreisen möglich, die durch GAI ermöglicht werden (Ooi et al., 2023, S. 4–5). Schließlich wird die Einbeziehung von Kundinnen und Kunden in Form von Crowdsourcing gefördert, da diese mit GAI hochqualitative Inhalte erzeugen können. Diesen Potenzialen stehen jedoch wieder Bedenken gegenüber, wie der Schutz der Privatsphäre, ethische Bedenken oder der Datenbesitz. Ebenfalls ergeben sich durch den Einsatz im Marketing viele Fragen für zukünftige Entwicklungen. Es ist beispielsweise noch unklar, in welchem Umfang und wie GAI konkret die menschliche Kreativität steigern kann. Ebenfalls stellt sich die Frage, unter welchen Bedingungen Rückkopplungseffekte zu erwarten sind (Peres et al., 2023, S. 273). Auch sehr spezifische Fragen stehen offen, z.B. wie GAI zur Verbesserung vom Produktlebenszyklus von Waren beitragen kann (Ooi et al., 2023, S. 7).

Ein weiterer Unternehmensbereich mit großem Einsatzpotenzial ist „Human Resources (HR)", wobei hier bisher noch eine geringe Verbreitung herrscht. GAI kann entlang des gesamten Personalmanagementprozesses eingesetzt werden, vom Recruiting, über Personalentwicklung bis hin zur Personalfreisetzung. Da diese Aspekte jedoch große Auswirkungen auf die Gesellschaft und Individuen haben, bestehen hier ethische Bedenken. Konkrete Einsatzmöglichkeiten im HR sind z.B. das automatische Auswerten von Lebensläufen und eine Gegenüberstellung zu benötigten Fähigkeiten, die Unterstützung von Schulungsprogrammen durch das Beantworten offener Fragen oder das Koordinieren von Peers, das Zusammenführen geografisch getrennter Mitarbeiter*innen und noch vieles mehr. Auch hier stehen diesen Potenzialen jedoch Bedenken gegenüber. Aspekte wie Fairness, Erklärbarkeit und Baises können in menschennahen Bereichen, wie HR, große Auswirkungen haben. Für zukünftige Entwicklungen ergeben sich viele unterschiedliche Fragestellungen, wie GAI etwa den Rekrutierungsprozess verbessern kann, wie GAI das Engagement von Mitarbeiterinnen und Mitarbeitern von internationalen Unternehmen fördern kann, oder wie GAI bessere Schulungs- und Entwicklungsprogramme für Mitarbeiter*innen in verschiedenen Phasen ihrer Karriere ermöglichen kann (Ooi et al., 2023, S. 9–11).

Im Gegensatz zu allgemeinen Unternehmensbereichen ergeben sich auch branchenspezifische Potenziale und Herausforderungen. GAI kann im Einzelhandel dazu beitragen, das Kundenverhalten besser zu verstehen. Dazu werden Trends, Gewohnheiten und Präferenzen erfasst. Für den Online-Handel können zudem optimierte Produktbeschreibungen automatisch generiert werden. Fertigungsunternehmen können GAI zur Überwindung der Knappheit technischer Fähigkeiten nutzen, indem GAI beispielsweise für eine personalisierte und effektive Ausbildung von neuen Arbeitskräften genutzt wird. Darüber hinaus können Hersteller GAI zur Optimierung von Design- und

Entwicklungsaufgaben oder zur Vorhersage von Störungen durch Simulationen und Vorhersagen einsetzen. Dadurch kann die Abhängigkeit von manuellen Inspektionen verringert und die Produktion beschleunigt werden. Im Banksektor wird es wichtig, domänenspezifische GAI-Systeme für Finanzdienstleistungen und -produkte zu entwickeln, wie BloombergGPT, da hier eine sehr große Menge an Daten zur Verfügung steht. Ebenfalls kann GAI zur Finanzberatung von Kundinnen und Kunden eingesetzt werden oder zur Aufdeckung von Betrugsversuchen und Finanzverbrechen beitragen, indem Muster und Anomalien in Transaktionsdaten in Echtzeit festgestellt werden. Die Herausforderungen in diesen unterschiedlichen Bereichen überschneiden sich häufig. Die häufigsten Hürden sind hohe Ansprüche an die Infrastruktur, Zugang zu vielen hochqualitativen Trainingsdaten, der Verlust von Arbeitsplätzen und Ungenauigkeiten in den Outputs der GAI-Systeme. Die Zukunftsaussichten in den genannten Branchen sind noch wesentlich umfangreicher und GAI wirkt sich auf deutlich mehr Branchen aus als hier genannt (Ooi et al., 2023, S. 17–26).

Bildungssektor

GAI hat sich im Bildungssektor bereits etabliert, wie der Einsatz dieser Technologie bei intelligenten Lernsystemen wie Duolingo oder Mathway, bei automatischen intelligenten Hausaufgabenbewertungen oder bei intelligenten Tutor-Systemen demonstriert (H. Yu und Guo, 2023, S. 4). Allerdings haben auch viele Bildungseinrichtungen weltweit den Einsatz von GAI-Systemen bereits verboten. Dies ist vor allem auf Besorgnisse zurückzuführen, dass GAI die akademische Integrität im Hinblick auf Originalität und Plagiate einschränkt (Ooi et al., 2023, S. 12). Ausgehend von der aktuellen Situation ergeben sich unterschiedliche Zukunftsaussichten. Ein großes Potenzial entsteht durch die Möglichkeit einer individuell angepassten Ausbildung mithilfe von GAI. So können beispielsweise basierend auf Lerndaten und Verhaltensmustern von Schülerinnen und Schülern, personalisierte Bewertungen und Rückmeldungen gegeben werden, wodurch sie ihre Lernsituationen besser verstehen und ihre Lernerfolge verbessern können. Außerdem ist es basierend auf Interessen, Fähigkeiten und Kenntnisständen der Schüler*innen möglich, personalisierte Lerninhalte und Lernstrategien zu erstellen. Diese individuelle Anpassung der Ausbildung kann durch intelligente Lernmethoden unterstützt werden. So kann GAI die Schwierigkeit der Lerninhalte basierend auf dem Lernfortschritt und der Leistung der Schüler*innen anpassen, wodurch ein effektiveres und effizienteres Lernen ermöglicht wird. Weitere Potenziale sind beispielsweise eine intelligente Bewertung und Erstellung von Feedback zu Hausaufgaben, Vorträgen oder anderen NL-Aufgaben, eine intelligente Echtzeit-Überwachung von Lernfortschritten mit entsprechenden Lernempfehlungen oder eine gezielte Nachhilfe durch das Erkennen von Lernschwächen. Des Weiteren wird GAI völlig neue Methoden der Kollaboration in der Bildung ermöglichen. Durch umfangreiches Wissen können GAIs eine Verbindung zwischen unterschiedlichen Fachbereichen aufbauen und so ein interdisziplinäres Lernen ermöglichen. In Kombination mit dem Internet und Cloud Computing kann GAI schulübergreifende Zusammenarbeiten ermöglichen, wodurch Schüler*innen vielfältigere Lernressourcen und -möglichkeiten zur Verfügung stehen. In Verbindung damit kann auch die kulturelle Bildung durch interkulturelle

Kommunikation und Zusammenarbeit verbessert werden. So können Schüler*innen über online Lernplattformen oder VR-Technologien mit Schülerinnen Schülern aus anderen Ländern oder Regionen kommunizieren. Darüber hinaus gibt es noch viele weitere Mehrwerte, die GAI im Bildungssektor bereitstellen können (H. Yu und Guo, 2023, S. 7–9).

Diesen Potenzialen steht in der Bildung der große Punkt des Missbrauchs von GAIs durch Schüler*innen und Studierende gegenüber. Allen GAIs voran steigert ChatGPT die Bedenken, dass immer mehr Aufgaben an das LLM übertragen und nicht mehr selbst erbracht werden, was eine Verletzung der akademischen Integrität mit sich bringt. Es gibt viele Ansätze und Vorschläge, wie sich diese Herausforderungen überwinden lassen. Ein reines Verlassen auf AI-Detektoren ist unzureichend, da es durch die laufende Entwicklung der Technologie zu einem Katz und Maus Spiel werden könnte. Neben diesen Detektoren wird es wichtig, einen aktiven Diskurs mit den Schülerinnen und Schülern sowie Studierenden zu suchen. Dieser sollte darauf abzielen, die Schüler*innen und Studierenden über Risiken aufzuklären sowie über den Verhaltenskodex der jeweiligen Bildungseinrichtung zu informieren (Peres et al., 2023, S. 272). Um Schummeln zu vermeiden, wird es ebenfalls wichtig werden, neue Prüfungskonzepte zu entwerfen, die sich stärker auf Kreativität und kritisches Denken stützen. Klassische mündliche und überwachte Prüfungen sowie anspruchsvollere Prüftechniken könnten ebenfalls einen Lösungsansatz bieten (Aydin und Karaarslan, 2023, S. 126). Eine progressivere Ansichtsweise wäre die Frage, wie eine Integration von GAI in die Ausbildung von Hochschulen möglich wäre, um den Studierenden aufzuzeigen, wie sie diese Tools effektiv einsetzen können. Immerhin sollten Hochschulen die Studierenden auf das Berufsleben nach dem Abschluss vorbereiten, wobei Kenntnisse über die neusten Technologien sinnvoll sind. GAI-Tools werden zukünftig auf dem Markt zur Verfügung stehen und man sollte darauf vorbereitet sein, diese einzusetzen (Peres et al., 2023, S. 272).

Gesundheitssektor

Im Gesundheitssektor wird GAI bereits eingesetzt und führt langsam zu einem neuen Paradigma in diesem Bereich, indem effektive Dienstleistungen und eine verbesserte Patientenversorgung geboten wird. Obwohl GAI-Systeme bereits eingesetzt werden, um beispielsweise verbesserte Kundenbeziehungsmanagementssysteme zu bieten oder medizinische Diagnoseentscheidungen zu unterstützen, bestehen noch viele weitere Potenziale für die Zukunft. So kann GAI den Patientinnen und Patienten dabei helfen, eine vollständige und genauere Beschreibung von Symptomen vor dem Arztbesuch vorzubereiten. Zumeist erinnern sich Patientinnen und Patienten an die Hauptsymptome, vergessen jedoch oft auf kleinere. GAI kann hier weitere Symptome auflisten, die in Verbindung mit den Hauptsymptomen stehen. Zudem kann sie weiterführende Fragen stellen, um festzustellen, ob Patientinnen und Patienten weitere Symptome erleben, die ihnen selbst nicht bewusst sind. Diese genaue Beschreibung von Symptomen erlaubt es den Ärztinnen und Ärzten, die Krankheit akkurat zu diagnostizieren und die notwendigen Interventionen vorzunehmen. Außerdem kann GAI dabei hefen, die Krankengeschichte von Patientinnen und Patienten zu berücksichtigen, indem sie automatisch überprüft, ob bisherige Rezepte, Diagnosen und medizinische Berichte zu Problemen, wie z.B. Wechselwirkungen, führen könnten. Dies kann dazu beitragen, zukünftige unerwünschte Ereignisse zu vermeiden. Schreibarbeit kann durch GAI-vorgeschlagene Wörter, Begriffe und Sätze ersetzt werden, die nach der Interaktion mit Patientinnen und Patienten in medizinische Systeme eingetragen werden. Dies kann Gesundheitsfachkräften Zeit sparen, da sie sich lediglich auf die Überprüfung und Bearbeitung der vorgeschlagenen Texte sowie auf medizinische und rechtliche Korrektheit konzentrieren müssen. Ein Einsatz zur allgemeinen Zusammenfassung und Übersetzung von gesundheitsbezogenen Informationen bietet ebenfalls einen großen Mehrwert. Besonders für nicht englischsprachige Gesundheitsfachkräfte ist dies sinnvoll, da die meisten Dokumente über medizinische Fortschritte auf Englisch veröffentlicht werden. Die Gesundheitsfachkräfte müssen sich schlussendlich jedoch bewusst sein, dass sie für die Korrektheit und Vollständigkeit der eingegebenen Daten verantwortlich sind (Ooi et al., 2023, S. 7–8).

Im Gesundheitssektor gilt es zu erwähnen, dass einzelnen Herausforderungen von GAI eine besondere Bedeutung zukommen wird. So können falsche oder halluzinierte Antworten, auf die sich Patientinnen und Patienten verlassen, schwerwiegende Folgen und sogar den Tod nach sich ziehen. Ebenfalls würde GAI mehrere Interaktionen mit Userinnen und Usern benötigen, um personalisierte Antworten zu generieren. Daher ist anzunehmen, dass GAI zumindest auf kurzfristige Sicht und ohne Zugang zur medizinischen Vorgeschichte der Nutzer*innen nicht in der Lage sein wird, so personalisierte Empfehlungen abzugeben, wie es menschliche Ärztinnen und Ärzte können. Datenschutzbedenken sind ebenfalls zu berücksichtigen, da Gesundheitsdaten als sensibel gelten und in vielen Ländern streng reguliert sind. Damit steht GAI vor der Herausforderung, ähnliche Sicherheitsvorkehrungen wie bisherige Gesundheitssysteme zu treffen, um keine rechtlichen Probleme zu verursachen (Ooi et al., 2023, S. 8).

4 GAI in der Softwareentwicklung

Wie in Kapitel 3 dargelegt, hat GAI einen maßgeblichen Einfluss auf eine Vielzahl von Bereichen, darunter den Gesundheitssektor, den Bildungsbereich sowie Unternehmen und weitere Sektoren. Auch im Bereich der Softwareentwicklung hat die schnelle Entwicklung dieser Technologie einige Fragen aufgeworfen. In diesem Kapitel wird auf den Einsatz von GAI in der Softwareentwicklung näher eingegangen. Es wird der SDLC herangezogen, um die Einsatzmöglichkeiten in den unterschiedlichen Phasen zu erläutern. Abschließend wird auf Mehrwerte und Veränderte Anforderungen eingegangen, die durch den Einsatz von GAI entstehen.

4.1 Software Development Life Cycle (SDLC)

Der Einsatz von GAI in der Softwareentwicklung geht weit über die reine Unterstützung bei der Softwareimplementierung hinaus (Ebert und Louridas, 2023, S. 33). Sie kann beispielsweise dabei helfen Software-Requirements aufzustellen, die Qualität der Software im Rahme von „Software Quality Assurance (SQA)" zu gewährleisten, die Wartung bereits bestehender Softwarelösungen zu unterstützen und noch vieles mehr (Nguyen-Duc et al., 2023, S. 14–41). Um einen Überblick über diese vielfältigen Einsatzmöglichkeiten zu behalten, werden die unterschiedlichen Einsatzfelder den Phasen des SDLC zugeordnet. Wie der SDLC definiert ist und aus welchen Phasen dieser besteht, wird in diesem Kapitel genauer erläutert.

4.1.1 Allgemeines

Der SDLC ist eine systematische Methode der Softwareentwicklung zum Entwerfen, Erstellen und Warten unterschiedlicher Systeme (Bassil, 2012, S. 1). Diese Methode erhöht die Chancen, Projekte termingerecht abzuschließen und sicherzustellen, dass Softwareprodukte den Qualitätsstandards entsprechen (Mishra und Dubey, 2013, S. 64). Der SDLC wird heutzutage in vielen Bereichen wie im Systems Engineering, Software Engineering, Mechanical Engineering oder Computer Science eingesetzt. Der SDLC wurde bereits von vielen Forscherinnen und Forschern weltweit untersucht, und mittlerweile wurden zahlreiche unterschiedliche Modelle vorgeschlagen, von denen jedes seine eigenen Stärken und Schwächen hat (Bassil, 2012, S. 1). Einige erfolgreiche SDLC-Modelle sind z.B. das Wasserfallmodell, das Iterative-Modell, das V-Modell, das Spiralmodell, Extreme Programming oder SCRUM (Bhuvaneswari und Prabaharan, 2013, S. 262–263). Alle bisher vorgeschlagenen SDLC-Modelle teilen sich die grundlegende Eigenschaft, dass sie aus einer Abfolge von Phasen bestehen, die von Betroffenen befolgt und abgeschlossen werden müssen, um bestimmte Ergebnisse zu erzielen und ein nützliches Endprodukt abzuliefern. Dies trifft auch auf das Wasserfallmodell zu, welches im nächsten Kapitel genauer beschrieben wird, um die Einsatzmöglichkeiten von GAI den unterschiedlichen Phasen dieses Modells zuzuordnen. Das Wasserfallmodell bietet sich hierfür gut an, weil es einen Großteil der Aktivitäten, die mit der Softwareentwicklung in Verbindung stehen, auf eine simple Weise abbildet (Bassil, 2012, S. 1–2).

4.1.2 Wasserfallmodell

Das Wasserfallmodell ist ein sequentieller Softwareentwicklungsprozess, der aus einer Anzahl unterschiedlicher Phasen besteht, die in der richtigen Reihenfolge ausgeführt werden müssen, um erfolgreich eine Computersoftware zu erstellen. Die Phasen müssen dabei nacheinander abgeschlossen werden, wobei erst zur nächsten Phase übergegangen wird, wenn die vorherige vollständig abgeschlossen wurde. Dementsprechend ist das Wasserfallmodell rekursiv, da jede Phase endlos oft wiederholt werden kann, bis sie perfektioniert wurde (Bassil, 2012, S. 2). 1970 wurde von Royce das klassische Wasserfallmodell definiert und 1976 von Boehm weiter verfeinert, um die zunehmende Komplexität von Softwareprojekten zu bewältigen. Seither wurden viele Anpassungen und Modifikationen an dem Model vorgenommen, wodurch eine Vielzahl unterschiedlicher Darstellungen entstanden sind (Benediktsson et al., 2006, S. 1). Im Rahmen dieser Arbeit wird sich für ein Wasserfallmodell entschieden, dass aus den sechs unterschiedlichen Phasen Analyse, Entwurf, Entwicklung, Testen, Bereitstellung und Wartung besteht. In der Literatur wird Bereitstellung und Wartung oft in einer Phase zusammengefasst, für einen besseren Überblick erfolgt im Rahmen dieser Arbeit jedoch eine Aufspaltung in zwei separate Phasen (Mishra und Dubey, 2013, S. 66). Abbildung 4.1 zeigt die unterschiedlichen Phasen des Wasserfallmodells und deren Abfolge. Im Folgenden erfolgt eine detaillierte Beschreibung der einzelnen Phasen (Bassil, 2012, S. 2).

1. **Analyse:** In dieser Phase werden die Bedürfnisse der Kundinnen und Kunden identifiziert und dokumentiert (Petersen et al., 2009, S. 389). Diese Phase ist ebenfalls als „Software Requirements Specification (SRS)“ bekannt, weil hier eine umfassende und vollständige Beschreibung des Verhaltens der zu entwickelnden Software durchgeführt wird. Dies beinhaltet, dass durch Analysen funktionale und nicht-funktionale Anforderungen definiert werden. Funktionale Anforderungen werden für gewöhnlich mithilfe von Use-Cases definiert, welche die Interaktionen zwischen Userinnen und Usern und der Software beschreiben. Dazu zählen Punkte wie Zweck, Umfang, Funktionen oder Benutzeroberflächen- und Datenbankanforderungen. Nicht-funktionale Anforderungen beziehen sich im Gegensatz dazu auf Kriterien, Einschränkungen, Begrenzungen und Anforderungen, die an das Design und den Betrieb der Software gestellt werden, anstatt an spezifische Verhaltensweisen. Dazu zählen Eigenschaften wie Zuverlässigkeit, Verfügbarkeit, Wartbarkeit, Leistung, Skalierbarkeit oder Testbarkeit (Bassil, 2012, S. 2).

2. **Entwurf:** Diese Phase dient der Planung und Problemlösung, um zu einer passenden Softwarelösung zu kommen. Softwareentwickler*innen und Designer*innen sind hier gefordert, einen Plan für die Softwarelösung zu erstellen, der das Design von Algorithmen, die Softwarearchitektur, das konzeptionelle Datenbankschema, das Konzeptdesign, das Design der grafischen Benutzeroberfläche und die Definition der Datenstrukturen beinhaltet (Bassil, 2012, S. 2). Das Endprodukt dieser Phase ist eine fertige Architektur des gesamten Systems und eine dazugehörige Dokumentation (Petersen et al., 2009, S. 389).

3. **Entwicklung:** Hier erfolgt die Umsetzung der Anforderungen und der Designspezifikationen in ein konkretes, ausführbares Programm, eine Datenbank, eine Website oder ein anderes Softwareartefakt durch Programmierung. In dieser Phase wird der eigentliche Code geschrieben und in eine funktionsfähige Anwendung kompiliert (Bassil, 2012, S. 2).

4. **Testen:** In dieser Phase wird überprüft, ob die Softwarelösung die ursprünglichen Anforderungen und Spezifikationen erfüllt und ihren Zweck erreicht hat. Ebenfalls wird in dieser Phase eine Verifikation und eine Validierung vorgenommen. Die Verifikation ist ein Prozess, bei dem die Software evaluiert wird, um zu bestimmen, ob die Produkte der einzelnen Entwicklungsphasen den zu Beginn dieser Phase festgelegten Bedingungen entsprechen. Bei der Validierung findet hingegen eine Bewertung der Software während oder am Ende des Entwicklungsprozesses statt, um festzustellen, ob alle Anforderungen erfüllt wurden. Ein wichtiger Aspekt dieser Phase ist, dass hier das Debugging durchgeführt wird, wobei Bugs und Systemstörungen identifiziert, korrigiert und entsprechend verfeinert werden (Bassil, 2012, S. 2). Es wird schließlich festgestellt, ob die Software für die Bereitstellung bereit ist (Petersen et al., 2009, S. 389).

5. **Bereitstellung:** Informell umfasst der Begriff Softwarebereitstellung alle Aktivitäten, die ein Softwaresystem zur Nutzung verfügbar machen (Carzaniga et al., 1998, S. 2). Damit ist die Bereitstellung der Prozess zwischen dem Erwerb und der Ausführung der Software. Die Bereitstellung wird nach der Fertigstellung der Software für oder von Kundinnen und Kunden selbst durchgeführt. Zu diesem Zeitpunkt finden alle kundenorientierten Konfigurationen und Anpassungen statt. Softwarebereitstellung kann als ein eigener Prozess betrachtet werden, der aus einer Reihe unterschiedlicher Aktivitäten besteht, wie Konfiguration der Software, Installation der Software in der Ausführungsumgebung oder Aktivierung der Software (Dearle, 2007, S. 1).

6. **Wartung:** Dies ist der Prozess, bei dem Modifizierungen an einer Softwarelösung nach der Bereitstellung vorgenommen werden, um Outputs zu verbessern, Fehler zu korrigieren und die Leistung sowie Qualität zu verbessern. Darüber hinaus können noch weitere Wartungsarbeiten vorgenommen werden, wie das Berücksichtigen neuer Benutzeranforderungen, die Anpassung der Software an neue Umgebungen oder die Erhöhung der Zuverlässigkeit der Software (Bassil, 2012, S. 2).

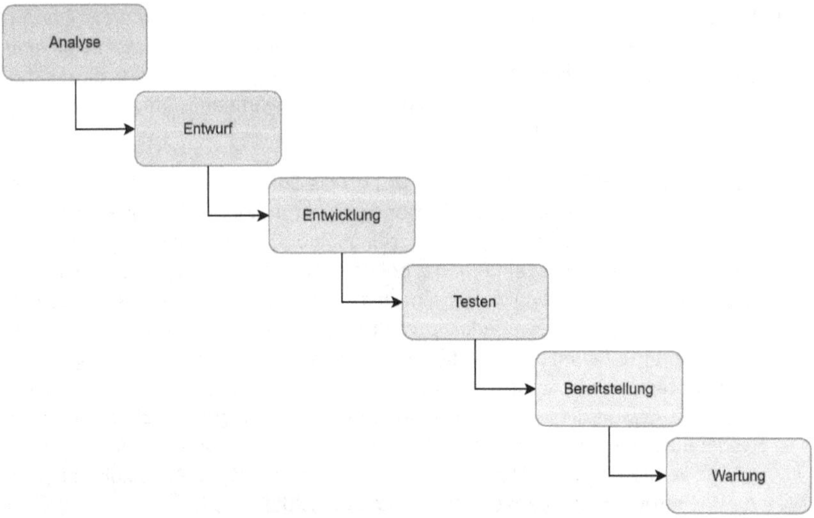

Abbildung 4.1: Phasen des Wasserfallmodells. In Anlehnung an Mishra und Dubey, 2013, S. 66.

4.2 Einsatz von GAI im SDLC

GAI wird als signifikante Veränderung in der Welt der Softwareentwicklung gesehen (Sauvola et al., 2024, S. 1). Es besteht die Möglichkeit, dass sie den Softwareberuf in stärkerem Maße beeinflusst als jede andere kürzlich entwickelte Technologie. Bill Gates betrachtet sie sogar als den größten Fortschritt seit der Erfindung des Internets (Ebert und Louridas, 2023, S. 30). Code-Generierung und Testcase-Optimierungen stellen offensichtliche Aufgaben dar, die durch LLMs unterstützt werden können (Nguyen-Duc et al., 2023, S. 2). GAI kann jedoch entlang des gesamten Entwicklungsprozesses eingesetzt werden, nicht nur in der Implementierungsphase (Schmidt, 2023, S. 7). So kann die Softwareproduktivität auf unterschiedliche Weise verbessert werden, beispielsweise durch die Automatisierung repetitiver Aufgaben wie dem Testen oder der Verfolgung von Anforderungen. Ebenfalls lässt sich die Softwarequalität durch die Erstellung von Testcases aus den Anforderungen erhöhen und Workflows können automatisiert werden (Ebert und Louridas, 2023, S. 30). Um einen besseren Überblick über die vielfältigen Einsatzmöglichkeiten von GAI in der Softwareentwicklung zu bekommen, werden in diesem Kapitel die unterschiedlichen Anwendungsmöglichkeiten den Phasen des Wasserfallmodells zugeordnet.

4.2.1 Analyse

„Requirements Engineering (RE)" spielt eine entscheidende Rolle für die erfolgreiche Umsetzung von Softwareprojekten (Nguyen-Duc et al., 2023, S. 14), weil hier die Bedürfnisse und Einschränkungen vom System identifiziert, analysiert und dokumentiert werden, um klare Anforderungen abzuleiten (Arora et al., 2023, S. 1). Obwohl eine Vielzahl an Techniken zur Unterstützung von RE-Aktivitäten existieren, stellt die Spezifikation der richtigen Anforderungen weiterhin eine Herausforderung dar, weil Anforderungen in den frühen Projektphasen selten vollständig vorliegen. Stakeholder wissen in den frühen Projektphasen oft noch nicht genau, was sie wirklich benötigen, und Bedürfnisse entwickeln sich im Laufe des Projektes weiter, was größtenteils auf die Dynamik in Geschäfts- und Softwareentwicklungsumgebungen zurückzuführen ist. Vor allem bei agilen Projekten sind neue RE-Herausforderungen entstanden, wie minimale Dokumentationen, fehlende Gesamtbilder oder ungenaue Aufwandsabschätzungen. Darüber hinaus sind viele andere Bereiche im RE relativ unerforscht oder unterentwickelt geblieben, wie die Rückverfolgbarkeit und Wartung von Anforderungen, Validierungs- und Verifizierungsprozesse, die Berücksichtigung menschlicher Faktoren im RE oder die Abdeckung von Domänenspezifitäten in den Anforderungen (z.B. strengere regulatorische Compliance im Gesundheitswesen) (Nguyen-Duc et al., 2023, S. 14–15). Ebenfalls übersehen Organisationen und Projektteams oft die Bedeutung von RE für den Erfolg eines Projektes, oder wollen diese nicht wahrhaben. Verantwortlich dafür sind Gründe wie (1) Zeit-, Budget- und Ressourcenbeschränkungen, (2) unzureichende Ausbildung und Fähigkeiten sowie (3) Unklarheiten und Unsicherheiten in frühen Projektphasen, welche als Herausforderungen vom Team wahrgenommen werden und sie dazu veranlassen, Abstriche im RE zu machen. Zudem sind (4) unzureichende Werkzeuge oder Automatisierung und (5) das Verfolgen eines Ansatzes, bei dem die Implementierung an erster Stelle steht, weitere Aspekte. Diese Vernachlässigung kann aufgrund von inkonsistenten, unvollständigen und falschen Anforderungen in späteren Entwicklungsphasen zu Herausforderungen und damit zu höheren Kosten, Verzögerungen oder minderwertigen Softwaresystemen führen. Die jüngsten Fortschritte bei LLMs und GAI können dazu beitragen, viele der oben genannten Herausforderungen zu bewältigen (Arora et al., 2023), und RE an die moderne Landschaft der Softwareentwicklung anzupassen (Nguyen-Duc et al., 2023, S. 15).

Die meisten Anforderungen werden in NL spezifiziert, wodurch LLMs einen großen Einfluss in diesem Bereich haben können. Dieser könnte sich durch Automatisierung und Optimierung vieler wichtiger Aufgaben widerspiegeln, was zur Bewältigung der zuvor genannten RE-Herausforderungen beitragen kann. Durch den zunehmenden Fokus auf automatisierte Code-Generierung mithilfe von GAIs wird es immer wichtiger, eindeutige, prägnante und konsistente Spezifikationen in Form von Prompts an diese GAI-Systeme zu liefern. Diese Spezifikationen werden von den Anforderungen abgeleitet, wodurch die große Bedeutung von RE in dieser neuen GAI-getriebenen Ära der Softwareentwicklung unterstrichen wird (Arora et al., 2023, S. 2). Bei dieser großen Bedeutung stellt sich nun die Frage, wie GAI in den unterschiedlichen RE-Phasen, bestehend aus der Anforderungserhebung, Spezifizierung der Anforderungen (z.B. als User Stories), Analyse der Anforderungen und der Verifikation und Validierung, eingesetzt werden kann (Nguyen-Duc et al., 2023, S. 15).

Anforderungserhebung

Diese Phase umfasst einerseits die Vorarbeit, die zur Erhebung der Anforderungen notwendig ist, wie eine Ist-Analyse und Stakeholder-Analyse, und andererseits die Erhebungsaktivitäten mit den Stakeholdern, in Formen wie Interviews oder Beobachtungen. Das Ziel dieser Phase besteht darin, Projektinformationen, Systembedürfnisse, Erwartungen sowie Einschränkungen der zu entwickelnden Lösung zu identifizieren und zu dokumentieren. Einige der wichtigsten Aktivitäten, um diese Ziele zu erreichen, sind die Domänenanalyse, Ist-Analyse, Stakeholder-Analyse, Machbarkeitsanalyse und das Abhalten von Sitzungen mit identifizierten Stakeholder. Trotz des methodischen Aufbaus des Erhebungsprozesses ist dieser von Natur aus dynamisch und erfordert oft ein iteratives Vorgehen, da laufend neue Erkenntnisse von Stakeholder gewonnen werden und sich Anforderungen weiterentwickeln. Die Anforderungserhebung ist eine höchst kollaborative Phase und benötigt ständiges Feedback und Validierung von Stakeholdern, um Klarheit und Übereinstimmung zu schaffen. Zu häufig auftretenden Herausforderungen in Verbindung mit der Anforderungserhebung zählen das Fehlen von Domänenwissen, Kommunikationsprobleme, Unbekanntes (bekannte und unbekannte Unbekannte) sowie ein mangelndes Verständnis darüber, was in den frühen Phasen erreicht werden soll. Darüber hinaus sind aktuelle Erhebungstechniken, bei denen der Mensch im Mittelpunkt steht, noch unzureichend, da sie keine angemessene Vertretung aller potenziellen Benutzergruppen in Hinsicht auf Faktoren wie Geschlecht, Alter, Kultur, Sprache, Vorlieben, Barrierefreiheit oder Fähigkeiten gewährleisten. Hinzu kommen externe Einflüsse, wie gesetzliche Vorschriften und rechtliche Compliance, die einen Einfluss auf die Anforderungserhebung haben. Ebenfalls scheitern bestehende Erhebungsprozesse, aufgrund der sich schnell verändernden Technologien, oft daran, Systemanforderungen präzise zu erfassen (Arora et al., 2023, S. 4).

GAI und LLMs sind in der Lage, viele dieser Herausforderungen der Anforderungserhebung anzusprechen, darunter auch die Domänenanalyse. LLMs sind in der Lage, rasch große Mengen an domänenspezifischer Literatur zu absorbieren, wodurch sie als Quelle von domänenspezifischen Wissen fungieren können. Somit sind GAIs dazu in der Lage, Verbindungen herzustellen, Lücken zu identifizieren und Einsichten basierend auf der bestehenden Literatur zu bieten (Arora et al., 2023, S. 5). Experimente dazu wurden bereits an Tools wie GPT-3.5 und Visual Narrator durchgeführt und Fortschritte bei der Automatisierung der Extraktion von Domänenkonzepten konnten nachgewiesen werden (Arulmohan et al., 2023, S. 7–8). Ebenfalls lassen sich Aufgaben automatisieren, wie Ist-Analyse, Domänenanalysen und die Unterstützung regulatorischer Compliance. Jedoch benötigen LLMs dafür, neben der Kommunikation mit den Stakeholdern, weitere Inputs für das Fine-Tuning, wie etwa domänen- oder projektspezifische Dokumentationen und Vorschriften. Es gilt auch zu erwähnen, dass LLMs mit dem aktuellen Stand noch nicht die Intuition, Erfahrung und Expertise von Domänenexpertinnen und Domänenexperten ersetzen können (Arora et al., 2023, S. 5).

Darüber hinaus kann GAI dabei helfen, Unbekanntes zu identifizieren, indem bestehende Dokumentationen analysiert und unsichere oder mehrdeutige Bereiche hervorgehoben werden. LLMs können auch bei der Vervollständigung bestehender Ideen unterstützen oder alternative Ideen vorschlagen, die den Analystinnen und Analysten sonst entgangen wären. Auch die Kommunikation, die bei der Anforderungserhebung sehr wichtig ist, kann durch GAI unterstützt werden, indem beispielsweise komplexe technische Jargons in einfache Sprache überführt, oder Inhalte für Stakeholder mit unterschiedlichen sprachlichen Hintergründen übersetzt werden (Arora et al., 2023, S. 5).

LLMs spielen eine wichtige Rolle im menschenzentrierten RE. Sie können vielfältiges Nutzerfeedback, wie App-Bewertungen, analysieren, um sicherzustellen, dass alle Nutzerbedürfnisse berücksichtigt wurden. GAI ist darüber hinaus in der Lage User-Journeys zu erstellen, wofür allerdings Ressourcen wie App-Bewertungen oder auf Personas basierende Anwendungsfälle notwendig sind. Vor allem für aufkommende Technologien benötigen LLMs regelmäßige Updates, was eine herausfordernde Aufgabe darstellt, weil automatisierte Lösungen von diesen Updates betroffen sein könnten. Auch der ethische Aspekt spielt beim Einsatz von GAI in der Anforderungserhebung eine Rolle, da es gilt, Biases, basierend auf den Trainingsdaten, zu vermeiden und Inputs der Stakeholder gemäß Datenschutz- und Sicherheitsrichtlinien zu verwalten. Die Outputs von GAIs sollten somit als Ergänzung zu menschlichen Bemühungen betrachtet werden. Anforderungsanalystinnen und -analysten tragen mit ihrem kulturellen Bewusstsein, ihrem Domänenwissen und ihrem empathischen Urteilsvermögen dazu bei, dass die Softwareanforderungen den vielfältigen und sich wandelnden Bedürfnissen der Endnutzer*innen entsprechen. Diese Zusammenarbeit zwischen Mensch und GAI ist entscheidend in der menschenzentrierten Softwareentwicklung (Arora et al., 2023, S. 5).

Spezifizierung der Anforderungen

Die Spezifikationsphase überführt die zuvor ermittelten Anforderungen in strukturierte und detaillierte Dokumentationen, die als Entwurfs- und Implementierungspläne für das System dienen. Dieser Prozess kann durch GAI unterstützt werden, indem sie dazu beiträgt, gut strukturierte Anforderungsdokumente zu erstellen, die sich an etablierte Vorlagen und Richtlinien halten, wie beispielsweise das User-Story-Format. Abhängig vom Projektkontext müssen die informellen Natural-Language-Anforderungen in strukturierte Spezifikationen übergeführt werden. Dies gilt sowohl für funktionale Anforderungen, als auch für nicht-funktionale Anforderungen. Es ist wichtig, dass die Ersteller*innen Konsistenz in Terminologie und Stil im gesamten Dokument gewährleisten, um die Klarheit und Lesbarkeit zu verbessern. In dieser Phase ist hohe Präzision geboten, da Mehrdeutigkeiten oder Fehler zu erheblichen Projektverzögerungen und steigenden Kosten in späteren Phasen führen können. Außerdem ist es wichtig, das Detailniveau (zu granular oder zu abstrakt) auszubalancieren und sicherzustellen, dass nicht-funktionale Anforderungen wie Benutzerfreundlichkeit oder Sicherheit nicht vernachlässigt werden. Hier erfolgt auch eine Priorisierung der Anforderungen, unter Berücksichtigung der Bedürfnisse der Stakeholder, der Projektbeschränkungen und der strategischen Ziele. Zusätzliche Aufgaben, wie das Erstellen von Personas, des Anforderungsglossars oder von Beispielen und Begründungen, werden häufig während oder unmittelbar nach der Anforderungsspezifikation durchgeführt (Arora et al., 2023, S. 7).

LLMs sind in der Lage, den Spezifikationsprozess grundsätzlich zu optimieren. Unstrukturierte Anforderungen aus der Anforderungserhebung können mittels GAI automatisch in strukturierte Vorlagen, wie EARS, oder in User Stories übergeleitet werden. Darüber hinaus können sie dabei helfen, Anforderungen in funktionale und nicht-funktionale Kategorien einzuordnen und im Fall von nicht-funktionalen Anforderungen, wie Leistung, ethische Kriterien oder Benutzerfreundlichkeit, Klassifizierungen durchzuführen. Die Automatisierung durch GAIs kann auf noch weitere Aufgaben angewendet werden, wie beispielsweise auf die Erstellung eines Glossars, die Generierung von Beispielen und Begründungen, sowie die Entwicklung von Personas (Arora et al., 2023, S. 7). Ezzini et al. und Moharil et al. haben sich mit dem Problem der Mehrdeutigkeit in Softwareanforderungen beschäftigt und GAI-basierte Lösungen dafür gefunden. Beide der Lösungsansätze basieren auf BERT und sind dazu geeignet, Mehrdeutigkeiten zu identifizieren (Nguyen-Duc et al., 2023, S. 16).

Neben der Erstellung von Inhalten besitzen LLMs die Fähigkeit, Anforderungen mit regulatorischen Richtlinien, bestehenden Standards und Best Practices abzugleichen. Die erstellten und überprüften Anforderungen können anschließend von LLMs priorisiert werden, indem sie technische Abhängigkeiten, Projektziele und historische Daten analysieren. Da diese Anforderungspriorisierung normalerweise viele Software-Engineering-Rollen und tiefes Fachwissen erfordert, können die erzeugten Inhalte in diesem Fall oft ungenau sein. Obschon LLMs die Erstellung von Spezifikationen beschleunigen und deren Konsistenz erhöhen, besteht grundsätzlich das Risiko einer Über-Automatisierung. Das bedeutet, dass wichtige Aspekte übersehen oder den erzeugten Anforderungen zu sehr vertraut wird. GAIs können den Prozess zwar unterstützen, aber finale Entscheidungen sollten durch Fachexpertinnen und Fachexperten, die mit dem Projektkontext vertraut sind, validiert werden. So sollten beispielsweise nicht-funktionale Anforderungen, wie die benötigte Sicherheit eines Systems, oder Compliance-Themen von Expertinnen und Experten überprüft werden (Arora et al., 2023, S. 7–8).

Analyse der Anforderungen

Bei der Anforderungsanalyse wird sich darauf konzentriert, die Anforderungen zu verstehen, zu bewerten und zu verfeinern, damit eine hohe Anforderungsqualität sichergestellt werden kann. Dies bedeutet, dass die Anforderungen kohärent, umfassend und erfüllbar sein sollten, bevor in die Entwurfs- und Implementierungsphase übergegangen wird. Die automatisierte Bewertung der Anforderungsqualität ist ein wichtiges Werkzeug zur Erreichung dieser Ziele. Sie umfasst die Behebung von Mängeln, wie das Auflösen von Mehrdeutigkeiten oder die Sicherstellung von Konsistenz und Vollständigkeit. Die Hauptprobleme von Natural-Language-Anforderungen sind Unvollständigkeiten, Inkonsistenzen, Mehrdeutigkeiten und Inkorrektheiten. Diese Probleme führen zu Fehlinterpretationen, nicht testbaren Anforderungen, widersprüchlichen Anforderungen und einem fehlenden Konsens unter den Stakeholdern darüber, was erreicht werden soll. Sich ständig weiterentwickelnde Anforderungen verstärken diese Herausforderungen. In Fällen, in denen bestehende Anforderungen potenzielle Risiken oder Abhängigkeiten übersehen, ist es wichtig, weitere Anforderungen als

Gegenmaßnahmen aufzustellen. Kommunikation und Verhandlungen stellen in dieser Phase den Schlüssel dar, um Konflikte zu lösen und sich auf einen einheitlichen Satz von Anforderungen zu einigen. Aus menschenzentrierter Sicht müssen in der Analysephase emotionale und kulturelle Bedürfnisse sowie die Zugänglichkeit für User*innen priorisiert werden. Mängel in dieser Phase können, wie auch schon bei vorhergehenden Phasen, zu Projektverzögerungen, Budgetüberschreitungen und zu Systemen führen, die nicht den Erwartungen der Stakeholder entsprechen (Arora et al., 2023, S. 9–10).

LLMs stellen in der Analysephase ein leistungsstarkes Werkzeug dar, um die Qualität von Anforderungen zu bewerten. Dabei können sie für folgende Zwecke eingesetzt werden (Arora et al., 2023, S. 10):

- **Automatische Bewertung der Qualität:** GAIs sind dazu in der Lage, automatisch die Qualität von Anforderungen zu bewerten, indem sie Mehrdeutigkeiten, unklare Formulierungen, Inkonsistenzen oder Unvollständigkeiten kennzeichnen und Lücken oder Überschneidungen aufzeigen.

- **Risikoerkennung und Vorschläge für Gegenmaßnahmen:** Durch den Zugriff auf umfangreiches Domänenwissen sind LLMs in der Lage, potenzielle Risiken im Zusammenhang mit Anforderungen oder deren zugrunde liegenden Annahmen zu identifizieren. Darüber hinaus können historische Daten oder bekannte Risiken zur Erstellung neuer Anforderungen herangezogen werden, die als Gegenmaßnahmen zur Risikominimierung dienen und die Robustheit des Systems sicherstellen.

- **Konfliktlösung:** LLMs sind dazu in der Lage, potenzielle Streitpunkte im Vorhinein zu identifizieren und so den Verhandlungsprozess zu erleichtern. Ebenfalls ist der Einsatz mehrerer LLM-Agenten möglich, um Anforderungen untereinander zu verhandeln, Kompromisse vorzuschlagen und verschiedene Szenarien zu simulieren. Dies erleichtert es den Stakeholdern, sich auf einen Satz von Anforderungen zu einigen.

- **Menschenzentrierte Anforderungsverbesserung:** LLMs können Anforderungen dahingehen überprüfen, ob diese den unterschiedlichen Benutzerbedürfnissen, den Zugänglichkeitsstandards und den Vorgaben für User-Experience entsprechen. Ebenfalls können Anforderungen vorgeschlagen werden, welche die Benutzerfreundlichkeit und Zugänglichkeit basierend auf unterschiedlichen Personas und Feedback verbessern. LLMs sind darüber hinaus in der Lage, Anforderungen im Bezug auf Biases und ethischer Bedenken zu überprüfen.

- **Analyse der Auswirkung von Änderungen:** LLMs ermöglichen Echtzeit-Feedback bei der Überarbeitung von Anforderungen und optimieren dadurch die Effizienz des iterativen Analyseprozesses sowie die Abstimmung zwischen den Stakeholdern. Der durch LLMs implementierte Analyseprozess für Folgen von Änderungen, der als kontinuierlicher Feedback-Zyklus gestaltet ist, gewährleistet Konsistenz. Zudem können LLMs proaktiv Änderungen von Anforderungen vorhersagen, was die Qualität der Anforderungen signifikant verbessert.

Verifikation und Validierung

Durch die Validierung der Anforderungen wird sichergestellt, dass die dokumentierten Anforderungen die Bedürfnisse der Stakeholder präzise widerspiegeln und für die anschließende Entwurfs- und Implementierungsphase bereit sind. Um diese Ziele zu erreichen, umfasst die Validierung Aufgaben wie die Überprüfung mit Stakeholdern, die Untersuchung auf Mängel, die Sicherstellung der Rückverfolgbarkeit der Anforderung zu ihren Ursprüngen oder die Definition klarer Testszenarien und Akzeptanzkriterien. Die Hauptherausforderung in dieser Phase besteht jedoch in der Sicherstellung, dass die Anforderungen keine Lücken aufweisen, die sowohl durch ausgesprochenen Erwartungen, als auch durch stillschweigenden Annahmen der Stakeholder entstehen können. Falls definierte Anforderungen bestimmte Einschränkungen oder Abhängigkeiten unbeabsichtigt übersehen, ist es unerlässlich, die Lücken zu identifizieren und Anpassungen an den Anforderungen vorzunehmen, um weitere Probleme bei der Validierung zu vermeiden. Es gilt zu beachten, dass Anforderungen von Stakeholdern unterschiedlich verstanden werden können, was zu Fehlanpassungen führen kann. Zusätzlich können sich Anforderungen aufgrund der dynamischen Struktur von Projekten weiterentwickeln, was den Validierungsprozess zusätzlich erschwert (Arora et al., 2023, S. 12).

LLMs sind dazu in der Lage, den Validierungsprozess auf vielfältige Weise zu unterstützen. Wie bereits in der Analysephase können LLMs auch hier bei der manuellen Überprüfung helfen, indem sie potenzielle Mehrdeutigkeiten, Inkonsistenzen oder Verstöße gegen Vorschriften hervorheben. Um subjektive Meinungen abzubilden, lassen sich durch LLMs Perspektiven unterschiedlicher Stakeholder simulieren, wodurch mögliche Missinterpretationen oder Fehlanpassungen vorhergesehen werden können. Durch die Analyse historischer Stakeholder-Rückmeldungen lassen sich beispielsweise Bereiche vorhersagen, in denen aus Sicht bestimmter Stakeholder Klarstellungen erforderlich sind. LLMs können mit ihrer Fähigkeit, große Datenmengen schnell zu verarbeiten, bei der Rückverfolgbarkeit von Anforderungen zu anderen Artefakten, wie Designdokumentationen oder regulatorischen Vorschriften, helfen. Außerdem kann GAI dabei helfen, präzise Akzeptanzkriterien und Testszenarien basierend auf den dokumentierten Anforderungen zu entwerfen. Ein Überprüfen der Anforderungen hinsichtlich menschenzentrierter Aspekte, Einschränkungen oder Abhängigkeiten ist ebenfalls möglich, wodurch eine umfangreiche Validierung gewährleistet wird. Obwohl sich viele Validierungsaufgaben durch LLMs erleichtern lassen, besteht eine zentrale Schwäche von LLMs darin, dass Validierungsaufgaben meist ein Gesamtbild des Projektes, der Domäne und der Stakeholder-Perspektiven erfordert. Dadurch erweist es sich als äußerst schwierig für LLMs, auf diesem Abstraktionsniveau zu arbeiten (Arora et al., 2023, S. 12–13).

4.2.2 Entwurf

Die Erstellung von Software ist sowohl eine herausfordernde, als auch eine kreative Aufgabe, angetrieben von der Motivation, ein Problem zu lösen. Programmierer*innen müssen ihre Aufmerksamkeit laufend auf viele unterschiedliche Aspekte richten, die sich auf das Problem, sowie auch auf die Lösung beziehen. Nicht nur die Fertigstellung der statischen Struktur eines Programms, damit es korrekt kompiliert, ist wichtig, sondern auch die Korrektheit des dynamischen Verhaltens. Die zunehmende Abstraktion in der Softwareentwicklung in den 1970er Jahre, wie das Entstehen höherer Programmiersprachen, effizientere Compiler, symbolische Debugging-Möglichkeiten oder strukturierte Programmierpraktiken, haben die Abläufe in der Softwareentwicklung vereinfacht. Neue Programmiertechniken, die aus diesen Abstraktionen entstanden, erlaubten es Designerinnen und Designern, über Struktur und Verhalten des Programmes nachzudenken, ohne sich mit detaillierten Fragen zur Implementierung befassen zu müssen. Zusätzlich wurde auch klar, dass neue Praktiken, die sich mit dem Design des Systems als Ganzes befassen, notwendig sind (Budgen, 2003, S. 13). Diese Praktiken haben sich seither laufend weiterentwickelt und Design- und Architekturentscheidungen sind nun Teil des Mittelpunktes jedes Softwaresystems (Nguyen-Duc et al., 2023, S. 19).

Der Nachbau bekannter Strukturen sowie die Erstellung von Vorlagen sind vergleichsweise einfache Aufgaben. Demgegenüber erfordern einige Entscheidungen ein Abwägen von Kompromissen, insbesondere im Hinblick auf die Auswirkung auf die Qualitätsattribute des Systems. In diesem Zusammenhang ist die Wahl von Mustern oder Lösungen der letzte Schritt des Prozesses, welcher zuvor die Identifizierung aller Faktoren erfordert, die die Entscheidung beeinflussen und von ihr betroffen sein könnten. In der Fachliteratur lassen sich einige Ansätze zur Automatisierung von Designentscheidungen finden, wie beispielsweise basierend auf Fragen und Antworten, auf der Erkennung von Anti-Patterns, auf Textklassifikationen oder auf Ontologien. Keiner dieser Ansätze hat jedoch große Verwendung in der Branche gefunden. GAI zieht nun jedoch viel Interesse von Fachkundigen auf sich, da es als vielversprechender Ansatz zur Automatisierung von Designentscheidungen in realen Projekten gilt und zu einem Umdenken führen könnte (Nguyen-Duc et al., 2023, S. 19).

Es lassen sich nicht viele Papers finden, welche die Verwendung von GAI oder LLMs zu Unterstützung von Entwurfsaktivitäten einer Software untersuchen, was darauf schließen lässt, dass dies noch ein relativ unerforschtes Gebiet ist. Es existieren einige Quellen, die sich am Rande mit dieser Thematik beschäftigen oder einzelne Teilbereiche behandeln, aber keine, die ihren Hauptfokus auf die gesamte Entwurfsphase von Software legen (Nguyen-Duc et al., 2023, S. 20). Im Bereich der Softwarearchitektur lässt sich ein Paper von Ahmad et al. finden, in welchem die Zusammenarbeit zwischen einem unerfahrenen Softwarearchitekten und ChatGPT bei der Architektur einer servicebasierten Software beschrieben wird. Hier zeigt sich unter anderem, dass LLMs wie ChatGPT dabei helfen können „Architecturally Significant Requirements (ASRs)" zu skizzieren, nachdem Basisdaten zum Projekt, wie „Architecture Stories", bereitgestellt wurden. Diese ASRs mussten jedoch vom Architekten weiter verfeinert werden, da diese noch Lücken aufgewiesen haben. Des

Weiteren war ChatGPT dazu in der Lage, UML-Diagramme auf Basis passender Prompts zu erstellen, um die Gesamtarchitektur detailliert darzustellen. Das LLM konnte auch Feedback berücksichtigen und entsprechende Anpassungen an den Diagrammen vornehmen, wie das Inkludieren eines Singleton-Patterns (Ahmad et al., 2023, S. 282). Diagramme wie Sequenzdiagramme, Entity-Relationship-Diagramme oder Flowcharts sind allgemein wichtige Instrumente in der Entwurfsphase und viele GAI-Tools sind bereits in der Lage, bei deren Erstellung zu helfen (Prakash, 2024, S. 42). Bei der abschließenden Evaluierung der Architektur mittels „Software Architecture Analysis Method" konnte GAI ebenfalls unterstützend eingesetzt werden, indem beispielsweise Szenarien automatisch generiert und priorisiert wurden. Die Studie zeigte jedoch auch, dass einige Faktoren bei der kollaborativen Architektur zwischen Mensch und Maschine berücksichtigt werden müssen, wie Variationen in den Antworten, ethische Implikationen, das Ausmaß menschlicher Unterstützung und Aufsicht sowie rechtliche und soziale Fragen (Ahmad et al., 2023, S. 284). Eine weitere explorative Studie hat in Bezug auf Softwarearchitektur untersucht, wie gut GAI dazu in der Lage ist, Designmuster anhand eines konkreten Kontextes vorzuschlagen. Die Ergebnisse zeigen, dass in 93 % der Fälle das richtige Designmuster für vordefinierte Szenarien vorgeschlagen wurde, was das Potenzial eines solchen Werkzeugs aufzeigt (Maranhão et al., 2023, S. 2–4).

In Bezug auf grafische Benutzeroberflächen gab es schon frühe Ansätze, bei denen versucht wurde, Interfaces automatisch zu generieren. Talon et al. haben bereits 2012 ein Experiment durchgeführt, bei dem das Ziel darin bestnd, Designmuster für Webseiten direkt aus Daten zu lernen, indem Techniken wie NLP oder „Structured Concept Learning" verwendet wurden. Dies hat bereits zu annehmbaren Ergebnissen geführt (Talton et al., 2012). Von dieser Arbeit inspiriert entwickelten Nguyen et al. 2018 Deep-Learning-Modelle, die RNNs und GANs einsetzen, um „User Interface (UI)"-Designmuster aus Millionen von verfügbaren mobilen Apps zu lernen. Die trainierten Modelle konnten verwendet werden, um nach UI-Designbeispielen zu suchen und professionelle UI-Designs zu generieren (Nguyen et al., 2018). Einen tieferen Einblick in das Feld des „User-Experience-Designs (UXD)" geben Li et al. Durch die Durchführung eines semistrukturierten Interviews mit 20 „User Experience (UX)"-Designerinnen und -Designern wurde herausgefunden, wie GAI den Bereich UXD beeinflussen kann. Alle Befragten waren sich einig, dass GAI-Tools ein mächtiges und praktisches Werkzeug darstellen, um allgemeine und sich wiederholende Aufgaben zu lösen. Die folgende Liste ist eine Aufzählung dieser Aufgaben nach Phasen des UX-Design-Workflows (Li et al., 2024, S. 4–9):

- Anforderungen
    - Zusammenfassen und Priorisieren von Anforderungen und technischer Dokumentationen zum besseren Verständnis
    - Best Practices und grundlegende, auf die Domäne bezogene, Nutzeranforderungen bereitstellen

- Ideenfindung
  - Generieren von Vorschlägen basierend auf menschlichen Arbeiten
  - Vorschlagen von UI Inspirationen
- Prototypen Erstellung
  - Generieren grundsätzlicher Wireframes und Platzhaltertexte
  - Erstellen von Responsive Designs für unterschiedliche Bildschirmgrößen
- Benutzertests
  - Automatische Durchführung von Usability und Accessibility Tests
  - Qualitative Daten anhand von Schlüsselwörtern kennzeichnen und sortieren
- Iterationen
  - Richtungen für Design-Iterationen als Design-Assistent vorschlagen
- Lösung
  - Hilfe bei der Erstellung von Präsentationsfolien
  - Komponentenbibliotheken und Design-Systeme neu organisieren
- Design Übergabe
  - Hilfe bei der Erstellung von Präsentationsfolien
  - Design-Assets und Materialien für die Übergabe an Entwicklerteams dokumentieren

Es gilt jedoch festzuhalten, dass die Befragten ebenso viele Aufgaben festgestellt haben, die nicht von GAI übernommen werden können, wie das Kommunizieren mit Stakeholdern, das tiefe Verstehen von Nutzerbedürfnissen, das Erstellen von originalen Designs, das Entwerfen von nutzerzentrierten Funktionen, das Treffen finaler Designentscheidungen oder das Validieren des endgültigen Designs. Diese Einschränkungen sind laut den Befragten auf unterschiedliche Ursachen zurückzuführen. Die UX-Designer*innen haben festgehalten, dass die vorgezeigten GAI-Tools sehr generisch waren und der Entwurfsprozess deswegen noch viel manuelle Arbeit benötigt. Ebenfalls wurde die Korrektheit der generierten Inhalte hinterfragt und es wurde davon ausgegangen, dass eine manuelle Validierung dieser notwendig ist. Schlussendlich wurde das Fazit gezogen, dass erfahrene UX-Designer*innen aufgrund ihrer Originalität, Kreativität und ihrer empathischen Fähigkeiten GAI nur als unterstützend empfinden. Sie betonen, dass Menschen immer die Kontrolle über KI-Outputs behalten werden, aufgrund rein menschlicher Eigenschaften wie Freude und Eigeninitiative. Allerdings wurden ernsthafte Bedenken geäußert, die vor allem Junior Designer*innen betreffen, wie der Abbau von Fähigkeiten, Jobverluste oder kreative Erschöpfungen. Die Aussagekraft dieser Studie ist jedoch mit Vorsicht hinzunehmen, da die Ergebnisse rein auf Rückmeldungen von UX-Designerinnen und UX-Designern basieren, die in die Defensive gehen, wenn es darum geht, dass Ihre Arbeitsplätze und Fähigkeiten ersetzt werden könnten. Ebenfalls könnten einige der Befragten nicht ausreichend über die raschen Fortschritte im Bereich GAI informiert gewesen sein (Li et al., 2024, S. 9–15).

Nicht nur bei der Entwicklung neuer Applikationen, sondern auch bei der Modernisierung von Legacy Anwendungen, kann GAI Mehrwerte für das UX-Design liefern. Im Gegensatz zu neuen Entwicklungen, stellt die Modernisierung andere Herausforderungen an Designer*innen, wie die Wiederverwendung von Legacy-Assets. Houde et al. beschreiben, wie die hauptsächlich manuelle Arbeit der Modernisierung der Benutzererfahrungen durch GAI unterstützt werden könnte. So soll es möglich sein, basierend auf Bildschirmaufnahmen von bestehenden Anwendungen, anpassbare Mockups automatisch zu generieren. Des Weiteren sollten GAIs dazu in der Lage sein, visuelle UI-Mockups auf ein bestimmtes Designsystem zu übertragen, indem basierend auf Bildschirmaufnahmen neue Styles auf die UI-Komponenten angewandt werden. Über die Erstellung von Mockups hinaus, ist es auch möglich, UI-Code aus Design-Dateien zu generieren, wie einige Studien über DL-Modelle zeigen. Häufig stellen auch Überführungen von Systemen auf neue UI-Frameworks, sowie die klare Trennung von Sourcecode Probleme dar. Indem GAI-Systeme Legacy-UI-Code (z.B. in Form von Java-Server-Page-Dateien) als Input verwenden, sind sie dazu in der Lage, diesen in neue UI-Frameworks wie React oder Angular zu überführen. Ebenfalls kann dieser veraltete Sourcecode klarer strukturiert werden, indem eine Aufteilung in ein Anzeige- und Präsentationsmodul sowie ein Geschäftslogikmodul erfolgt (Houde et al., 2022).

4.2.3 Entwicklung

Die Implementierung der Software stellt eine entscheidende Phase im Entwicklungsprozess dar, in der die zuvor entworfene Lösung in eine funktionsfähige Anwendung überführt wird. Das Aufkommen der objektorientierten Programmierung in den 1990er Jahren hat dazu geführt, dass Softwaresysteme schnell in Größe und Komplexität gewachsen sind. Automatisierung ist ein wichtiges Werkzeug, um dieser Komplexität entgegenzuwirken, Produktivität zu steigern und die Qualität des Softwarecodes zu gewährleisten (Nguyen-Duc et al., 2023, S. 21). Dieses Ziel der automatischen Code-Generierung hat eine lange Geschichte hinter sich, die von kontinuierlichen Weiterentwicklungen und beeindruckenden Ergebnissen geprägt ist (Fan et al., 2023, S. 6).

Der Einsatz von Technologien zur Unterstützung von Softwareentwicklerinnen und Softwareentwicklern ist kein neues Konzept, wie beispielsweise die Laufende Entwicklung von „Integrated Development Environments (IDEs)“ zeigen (Ulfsnes et al., 2024, S. 1). Aus einer wegweisenden Arbeit von Hindle et al. zur Natürlichkeit von Software geht hervor, dass Programmierer*innen dazu neigen, konsistenten Mustern und Stilen beim Schreiben von Code zu folgen, und manche Programmiersprachen bestimmte Schreibstile erzwingen (Hindle et al., 2016). Diese Muster und Stile machen Code vorhersagbar. Eine Studie von Barr et al. hat herausgefunden, dass 43 % der Commits an ein großes Repository durch bereits bestehenden Code rekonstruiert werden könnten, wodurch die Bedeutung Codewiederholungen hervorgehoben wird (Barr et al., 2014). Diese Vorhersagbarkeit und Wiederverwendbarkeit von Code machen es nicht überraschend, dass LLMs nach dem Training effektive Code-Empfehlungen generieren können. Ein Durchbruch auf diesem Gebiet gelang 2021 mit der Vorstellung von CodeX von Chen et al., einem GPT-Sprachmodell, bei dem ein Fine-Tuning auf

Basis öffentlich zugänglichen Codes von GitHub erfolgte. Zusammen mit CodeX wurde ein Evaluationsset names „HumanEval" veröffentlicht, um die funktionale Korrektheit bei der Synthese von Python-Programmen zu messen, welches in vielen nachfolgenden Studien Verwendung fand. Anhand dieses Evaluationssets gemessen, übertraf CodeX GPT-3 und GPT-J bei der Bewältigung dieser Probleme (Chen et al., 2021). Dies löste einen explosionsartigen Anstieg bei der LLM-basierten Forschung zur Code-Generierung aus (Fan et al., 2023, S. 6). Trotzdem stellt die automatische Code-Generierung weiterhin sowohl eine Herausforderung im Bereich GAI als auch in der Softwarebranche dar. Grundsätzlich birgt die Erzeugung von Code-Segmenten auf Basis von in NL definierten Anforderungen jedoch eine Vielzahl von Vorteilen. Dazu zählen unter anderem die Straffung des Programmierprozesses, die Verbesserung von Effizienz und Genauigkeit, die Reduzierung von Zeit- und Arbeitsaufwand sowie die Sicherstellung von Korrektheit und Einheitlichkeit des generierten Codes (Nguyen-Duc et al., 2023, S. 22).

Nach dem aktuellen Stand kann GAI für unterschiedliche Aspekte in der Implementierungsphase verwendet werden:

- **Code Generierung:** Durch eine Analyse der Anforderungen, die zumeist in NL vorliegen, ist GAI dazu in der Lage, Codeschnipsel oder in manchen Fällen vollständige Softwareprogramme zu erzeugen. Diese Unterstützung hat positive Auswirkungen auf die Effektivität und die Effizienz des Entwicklungsprozess, indem Softwareartefakte schneller erstellt werden können und die Ergebnisse den festgelegten Anforderungen genauer entsprechen (Calegario et al., 2023, S. 9). Diese Potenziale der Produktivitätssteigerung sorgten für großes Interesse in der Forschung, wodurch dieses Gebiet bereits ausführlich untersucht wurde und noch laufend weitere Untersuchungen stattfinden. Im Rahmen dieser Forschungen wurden viele unterschiedliche LLMs vorgeschlagen, wie GPT-4, WizardCoder oder Instruct-CodeGen, die auf großen, allgemeinen oder codespezifischen Datensätzen trainiert wurden und zur Unterstützung von Coding-Aufgaben verwendet werden können. Um diese Masse an LLMs vergleichbar zu machen, wurden unterschiedliche Datensätze als Test-Benchmarks entwickelt, die im Normalfall unterschiedliche Coding-Aufgaben beinhalten und verschiedene Aspekte abdecken. Verbreitete Benchmarks sind beispielsweise HumanEval, HumanEval+, MBPP oder CoderEval (Du et al., 2024, S. 1–3). Das aktuell beste LLM, gemessen an HumanEval, ist Reflexion, welches auf GPT-4 basiert und für über 90 % der Testfälle korrekten Code erzeugen kann. Allerdings stehen in diesem Bereich noch weitere Potenziale offen. Unterschiedliche Forschungen belegen, dass ein durchdachtes Prompt Engineering die Qualität des generierten Codes wesentlich verbessern kann, und ebenfalls softwareorientiertes Denken bei Anwenderinnen und Anwendern fördert (Fan et al., 2023, S. 7).

- **Codevervollständigung:** Codevervollständigungssysteme sind die am häufigsten genutzte Art der Programmierunterstützung. Ähnlich wie bei der Code Generierung wird hier von einem Sprachmodell neuer Sourcecode erzeugt. Allerdings werden bei der Codevervollständigung Vorschläge generiert, die anhand des Kontexts, an dem gerade gearbeitet wird, vorherzusagen versuchen, was die

Benutzer*innen als Nächstes eingeben wollen (Ziegler et al., 2022, S. 21). Bei der Vervollständigung kann in unterschiedliche Granularitätsstufen unterteilt werden, die von der Vorhersage des nächsten Code-Tokens über die Vervollständigung einer ganzen Zeile bis hin zur Generierung ganzer Code-Blöcke reichen (Izadi et al., 2024, S. 2). Es wird erwartet, dass Programmierer*innen, sobald die LLM-basierte Codevervollständigung ausgereift ist, mehr Zeit mit der Überprüfung statt mit dem Schreiben von Code verbringen werden (Fan et al., 2023, S. 6).

- **Dokumentieren:** GAI ist dazu in der Lage, automatisch Dokumentationen basierend auf dem Sourcecode zu erstellen, die Entwicklerinnen und Entwicklern dabei helfen können, den Code anderer Personen besser zu verstehen und die eigene Produktivität zu verbessern (Prakash, 2024, S. 45). Diese Dokumentationen werden oft als Kommentare direkt im Sourcecode eingefügt und beschreiben als Code-Zusammenfassungen in natürlicher Sprache die Funktionalität des Codes kurz und prägnant. In der Praxis wird die Erstellung dieser Kommentare jedoch aufgrund des hohen Arbeitsaufwandes häufig vernachlässigt, wodurch GAI hier große Vorteile liefern kann (Huang et al., 2024, S. 9). Darüber hinaus kann GAI auf Basis des Sourcecodes interaktive Diagramme und visuelle Hilfsmittel erstellen. Diese Darstellungen können einen wesentlichen Mehrwert für Entwickler*innen und Stakeholder schaffen, indem sie komplexe Algorithmen, Arbeitsabläufe oder Datenstrukturen verständlich visualisieren (Calegario et al., 2023, S. 10).

- **Arbeiten mit bestehender Codebasis:** GAI kann nicht nur neuen Code generieren, sondern auch auf unterschiedliche Weisen mit der bestehenden Codebasis interagieren. Dies ist eine Aufgabe, die Überschneidungen zu anderen Phasen des SDLCs aufweist, wie dem Testen, durch das Erkennen von Fehlern, oder der Wartung, durch das Refactoring von Code. Trotzdem wird hierbei neuer Code generiert, weshalb diese Aufgaben auch in der Implementierungsphase aufgelistet werden. So kann GAI als Assistent bei Debugging-Aufgaben eingesetzt werden, um fehlerhafte Codezeilen zu identifizieren und Korrekturvorschläge zu unterbreiten. Die Identifizierung dieser Fehler funktioniert bereits mit hoher Genauigkeit, jedoch nimmt die Leistung drastisch ab, wenn Code-Kontexte länger werden. Neben der Erkennung fehlerhafter Codestellen können LLMs auch Teile im Code identifizieren, die hinsichtlich Leistung und Performanz verbessert werden könnten, und Vorschläge diesbezüglich generieren. Die Forschung zum Einsatz von LLMs zur Verbesserung von Performanz steht jedoch noch am Anfang, wodurch generierte Inhalte oft Inkorrektheiten aufweisen können (Fan et al., 2023, S. 12–14). Damit in Verbindung steht der Einsatz von GAI zum Refactoring von Code. Durch die Analyse der bestehenden Codebasis kann GAI Refactoring-Strategien vorschlagen , um die Struktur, Lesbarkeit und Leistung der Software zu verbessern (Calegario et al., 2023, S. 9). Des Weiteren kann GAI komplizierten Code erklären und vereinfachen, wodurch die Komplexität verringert wird (Ulfsnes et al., 2024, S. 8).

- **Grundstrukturen Generierung:** Beim Start eines neuen Softwareprojektes ist es notwendig, eine Code-Grundstruktur aufzubauen. Diese fügt dem Projekt keine Funktionalitäten hinzu, sondern ist erforderlich, um notwendige Strukturen und Deklarationen im Projekt aufzubauen, damit dieses ausführbar wird. GAI kann dabei sowohl für Backend- als auch für Frontend-Entwicklungen sinnvoll eingesetzt werden (Ulfsnes et al., 2024, S. 7). Darüber hinaus können auf Basis von klaren Anforderungen oder abstrakten Projektzielen Code-Prototypen generiert werden. Diese Prototypen können als Grundlage für die weitere Entwicklung dienen und stellen somit sicher, dass der Ausgangspunkt den Zielen des Projekts entspricht (Calegario et al., 2023, S. 9).

- **Übersetzen zwischen Programmiersprachen:** GAI kann auch dazu verwendet werden, Code zwischen unterschiedlichen Programmiersprachen zu übersetzen. Dabei wird nicht nur sichergestellt, dass die Übersetzung syntaktisch korrekt ist, sondern es werden auch Aspekte wie Leistung und Lesbarkeit optimiert (Calegario et al., 2023, S. 9–10). Laufende technische Entwicklungen führen dazu, dass immer mehr Systeme den Status von Legacy-Software erreichen. Zur Modernisierung dieser Systeme sind oft Übersetzungen in andere Programmiersprachen notwendig. Diese Übersetzungen bringen einen hohen manuellen Arbeitsaufwand mit sich, da oft völlig neue Architekturen notwendig werden. Dieser Aufwand kann durch den Einsatz von GAI reduziert werden. Für einzelne Code-Teile liefern LLMs bereits vielversprechende Ergebnisse, jedoch ist die Übersetzung in größeren Maßstäben noch fehleranfällig (Ozkaya, 2023, S. 7). Zur Bewältigung dieser Aufgaben müssen LLMs dazu in der Lage sein, einzelne Funktionalitäten, APIs und Spezifikationen in unterschiedlichen Programmiersprachen zu erkennen, was eine sehr anspruchsvolle Aufgabe darstellt. Selbst fortschrittliche GAIs, wie GitHub Copilot, wurden diesbezüglich kritisiert, weil bereits geringfügige Syntaxunterschiede zu Änderungen im Programmverhalten führen können (Huang et al., 2024, S. 16).

- **Rubber Ducking:** Wenn Entwickler*innen bei einem Problem nicht weiterwissen, können LLMs, wie ChatGPT, als Kollegin oder Kollege genutzt werden, um das Problem zu diskutieren. Das Schildern des Problems in natürlicher Sprache gegenüber eines Chats hilft dabei, den Fokus bei der Aufgabe zu behalten, den Denkprozess anzustoßen und das Problem aus anderen Blickwinkeln zu sehen. Dieser Prozess wird als „Rubber-Ducking“ bezeichnet, wobei das Problem, das gelöst werden soll, einem unbelebten Objekt erklärt wird, um ein tieferes Verständnis des Problems zu erlangen und potenziell selbst eine Lösung zu finden. Der Vorteil eines LLM als Gesprächspartner gegenüber einer Suchmaschine wie Google ist, dass das Problem in natürlicher Sprache definiert werden kann, genauso wie bei menschlichen Kollegen. Dies fühlt sich natürlicher an und ist schneller, als andere Kolleginnen oder Kollegen bei der Arbeit zu unterbrechen (Ulfsnes et al., 2024, S. 5–6).

Wie zu erkennen ist, kann GAI die Implementierungsphase in vielen unterschiedlichen Aspekten unterstützen. Durch das Erleichtern vieler Aufgaben können sich Entwickler*innen besser auf übergeordnete Tätigkeiten und Konzeptionen konzentrieren, wodurch die Qualität und Produktivität in der Entwicklung steigen kann. Das Potenzial von

GAI in der Implementierungsphase, Zeit und Ressourcen einzusparen, die für kreativere und komplexere Aufgaben eingesetzt werden können, wird sowohl von Entwickler*innen als auch von Führungskräften anerkannt (Ulfsnes et al., 2024, S. 12–13).

4.2.4 Testen

Testen der Software ist eine entscheidende Aufgabe, um die Qualität und Zuverlässigkeit von Software sicherzustellen. Gründliche Testverfahren erlauben es Softwareunternehmen, die Anzahl kritischer Softwarefehler, Benutzerfreundlichkeitsprobleme sowie Sicherheitslücken zu minimieren, die sonst zu hohen finanziellen Verlusten oder zum Verlust des Benutzervertrauens führen könnten (J. Wang et al., 2024, S. 1). Damit bildet das Softwaretesten einen wesentlichen Eckpfeiler des SDLCs und hat sich auch in der Forschung als etablierte Disziplin durchgesetzt, welche viel Aufmerksamkeit auf sich zieht. Ein großer Fokus dieser Forschung liegt auf der automatisierten Erstellung von Testsuiten, welche hohe Fehlerentdeckungspotenziale aufweisen, während sie relativ wenig Rechenleistung benötigen. Diese Basis liefert nicht nur Techniken, um fehlerbehafteten GAI-generierten Code zu identifizieren, sondern auch eine solide Grundlage, um neue GAI-basierte Techniken zur Generierung von Softwaretests zu vergleichen (Fan et al., 2023, S. 9).

Trotz dieser Anstrengungen in der Forschung bestehen weiterhin viele Herausforderungen, für die noch keine effektiven Lösungen gefunden wurden. Beispiele dafür sind die automatische Generierung von Unit-Tests oder das Testen von mobilen GUIs, für die es zwar viele unterschiedliche Forschungsansätze gibt, jedoch keine davon bisher zufriedenstellende Ergebnisse lieferten. Um diese Herausforderungen zu überwinden, werden in der Forschung aktuell viele innovative Techniken untersucht, die das Softwaretesten unterstützen können, wobei LLMs zu den vielversprechendsten Ansätzen zählen. Obwohl beim Softwaretesten in einigen Fällen ähnliche Anforderungen an LLMs gestellt werden wie bei der Code-Implementierung, beispielsweise bei der Generierung von Unit-Tests, weist das Softwaretesten auch einzigartige Merkmale auf, die berücksichtigt werden müssen. Während sich bei der Codegenerierung in den meisten Fällen auf die Erstellung eines korrekten Codeausschnitts fokussiert wird, ist beim Softwaretesten oft die Generierung unterschiedlicher Testeingaben erforderlich, um eine bessere Testabdeckung zu erreichen. Das Vorhandensein dieser Unterschiede führt zu neuen Herausforderungen in diesem Bereich. Wie genau moderne GAI im Bereich des Softwaretestens eingesetzt werden kann, wird im folgenden Abschnitt genauer erläutert (J. Wang et al., 2024, S. 1–2).

GAI kann in der Testphase auf vielfältige Weise eingesetzt werden. Folgende Möglichkeiten sind dabei besonders relevant:

- **Unit-Test Generierung:** Die Unit-Test Generierung bezieht sich auf die automatische Erstellung von Unit-Tests, welche einzelne Komponenten der Software unabhängig voneinander überprüfen und sicherstellen, dass diese korrekt funktionieren. Ein Unit-Test besteht immer aus einem Test-Präfix und einem Test-Orakel. Der Test-Präfix besteht normalerweise aus einer Reihe von Methodenaufrufen oder Zuweisungen, die darauf abzielen, die zu testende Methoden in einen testbaren Zustand zu versetzen. Das Test-Orakel ist die Bedingung, die überprüft, ob das tatsächliche Verhalten der Methode dem erwarteten Verhalten entspricht, und ist ein wichtiges Unterscheidungsmerkmal zwischen normalem Code und Unit-Tests. Es gab bereits viele Anstrengungen in der Forschung, um den manuellen Aufwand bei der Erstellung von Unit-Tests zu reduzieren, jedoch waren die Ergebnisse bisher noch nicht zufriedenstellend. LLMs bieten nun einen vielversprechenden Ansatz, weil die Generierung von Unit-Tests viele Ähnlichkeiten mit der Generierung von Code aufweist, was bereits sehr gute Ergebnisse liefert. Allerdings zeigen aktuelle Studien, dass die generierten Tests noch unter einigen Problemen leiden, wie diversen Kompilierungs- oder Ausführungsfehlern. Da Studien unterschiedliche Datensätze heranziehen, auf deren Basis Unit-Tests generiert werden, ist es schwer, eine allgemeine Aussage über die Leistung von LLMs in diesem Bereich zu treffen. So erzielt CodeX eine Zeilenabdeckung von 87 %, wenn es auf dem HumanEval-Datensatz getestet wird, jedoch nur 2 % mit dem SF110 Evosuite-Datensatz (J. Wang et al., 2024, S. 7–8). Es werden jedoch laufend Forschungsanstrengungen unternommen, um die Qualität der generierten Unit-Tests zu verbessern (Fan et al., 2023, S. 10). In Bezug auf Test-Orakel, die bestimmen, ob ein Programm oder eine Funktion korrekt funktioniert, gibt es einige Studien, die sich auf die Generierung effektiver Test-Assertions fokussieren. Die bisher besten Ergebnisse konnten nicht durch Fine-Tuning, sondern durch eine gezieltes Prompt Engineering erreicht werden, wobei wenige relevanten Code-Demonstrationen ausreichen, um vielversprechende Testaussagen zu erzeugen (J. Wang et al., 2024, S. 8–9).

- **Testoptimierung:** Neben der Erzeugung von Unit-Tests kann GAI auf unterschiedliche Weise dazu beitragen, bestehende Tests zu optimieren. Die Wirksamkeit von Tests wird typischerweise anhand von „Angemessenheits-Kriterien" gemessen. Mutations-Tests sind eine weit verbreitete Methode, um die Angemessenheit von Testsuiten zu bewerten, indem synthetischer Fehler, sogenannte Mutanten, bewusst eingefügt werden. Eine offene Herausforderung bei Mutations-Tests ist das Erstellen von Fehlern, die in der Praxis eine hohe Relevanz haben. Unterschiedliche Studien zeigen, dass GAI bei der Generierung von adäquaten Mutanten helfen und somit die Qualität von Mutations-Tests verbessern kann. Darüber hinaus kann GAI dazu beitragen, Tests zu minimieren, indem redundante Tests identifiziert und entfernt werden, wodurch eine Effizienzsteigerung erreicht wird. Dies schlägt sich beispielsweise in einer reduzierten Testlaufzeit nieder. Ebenfalls kann GAI dazu beitragen, eines der einflussreichsten Probleme zu lösen, das die Testeffektivität aktuell beeinträchtigt, die sogenannte „Test Flakiness". Ein Test gilt als „flaky", wenn er bei mehrmaligem Ausführen in manchen Fällen fehlschlägt und in anderen nicht, obwohl sich der Code nicht verändert hat. Unterschiedliche Studien zeigen nun, dass LLMs dazu in der Lage sind, Test Flakiness mit hoher Genauigkeit vorherzusagen (Fan et al., 2023, S. 10–11).

- **Test-Inputs Generierung:** Auf der Ebene von Systemtests kann GAI unterstützen, indem Testeingaben generiert werden, die eine automatisierte Testausführung ermöglichen. Die Herausforderung dabei ist, dass sich System-Testeingaben je nach

Typ der zu testenden Software unterscheiden. Mobile Anwendungen benötigen beispielsweise eine Vielzahl von Texteingaben oder Bedienungskombinationen, wie das Klicken auf Buttons oder die Eingabe von Texten in Textfelder, was für die Überprüfung der Funktionalität der Benutzeroberfläche entscheidend ist. LLMs sind dazu in der Lage, den Kontext von Benutzeroberflächen zu verstehen und basierend darauf intelligente Testeingaben zu generieren. Andere Softwaretypen, wie DL-Bibliotheken oder Cyber-Physische Systeme, benötigen andere Inputs, wodurch die Generierung von Testeingaben eine sehr anspruchsvolle Aufgabe darstellt (J. Wang et al., 2024, S. 9–10).

- **Analysen:** GAI kann während der Testphase für unterschiedliche Analysen des Codes verwendet werden. So können LLMs eine Analyse und Kategorisierung von identifizierten Bugs durchführen, um die nachfolgenden Debugging- und Fehlerbehebungsprozesse zu erleichtern. Diese Erleichterung erfolgt beispielsweise durch eine Erklärung des identifizierten Bugs in NL oder durch die Generierung von Titeln für Bugs, damit für diese ein Ticket eröffnet werden kann. Darüber hinaus können LLMs, wie schon in der Implementierungsphase erwähnt, beim anschließenden Debugging helfen, indem sie beim Lokalisieren der Fehlerursache unterstützen. Dies beinhaltet die Analyse des Codes, das Verfolgen des Ausführungsflusses, das Sammeln von Fehlerinformationen und das Beheben des Problems. Für ein besseres Verständnis der Entwickler*innen können LLMs auch zur Reproduktion von Bugs verwendet werden (J. Wang et al., 2024, S. 11–12). Ein weiterer wichtiger Punkt ist die Untersuchung des Codes auf Schwachstellen, die Sicherheitslücken in der Software darstellen. Das moderne LLM GPT-4 liefert dabei wesentlich zuverlässigere Ergebnisse als die bisher besten Techniken, die auf ML und DL basieren und bereits vielversprechende Resultate lieferten. GPT-4 weist dementsprechend eine um 34,8 % höhere Genauigkeit bei der Identifizierung von Sicherheitslücken auf (Zhou et al., 2024, S. 47–49).

- **Leistungstest Generierung:** Durch die Fähigkeit von GAI, die Architektur und Komponenten eines Systems zu analysieren, können maßgeschneiderte Leistungstest-Szenarien für die Software erstellt werden. Die einzigartige Anpassung der Tests an die Struktur des Systems und mögliche Engpässe ermöglicht es sicherzustellen, dass die Leistungstests sowohl relevant als auch umfassend sind (Calegario et al., 2023, S. 10).

Es lässt sich erkennen, dass GAI bereits erfolgreich für eine breite Palette an Aufgaben im Bereich des Softwaretestens eingesetzt werden kann. Durch diesen Einsatz, der bisher zum größten Teil nur unterstützend ist, lässt sich die manuelle Arbeitsleistung verringern und die Qualität des Testprozesses steigern. Allerdings bestehen auch noch viele Herausforderungen, die es zu bewältigen gilt, wie das Erreichen einer hohen Testabdeckung durch GAI-generierte Tests oder das automatische Beheben von Softwarefehlern (J. Wang et al., 2024, S. 21s).

4.2.5 Bereitstellung

Ähnlich wie bei Kapitel 4.2.2 lässt sich aufgrund der Neuartigkeit dieses Themas bisher nur wenig Fachliteratur finden, die ihren Hauptfokus auf die Unterstützung der Bereitstellungsphase durch GAI richtet. Jedoch existiert unterschiedliche Literatur, die sich auf übergeordnete Konzepte, wie etwa DevOps oder „Infrastructure as Code (IaC)", konzentriert und dabei einen Fokus darauf legt, wie die Softwarebereitstellung und der Softwarebetrieb durch GAI unterstützt werden können.

Wie bereits im Kapitel 4.1.2 beschrieben, ist die Softwarebereitstellung der Prozess zwischen dem Erhalten der Software und deren Ausführung. Die Bereitstellung stellt eine Aktivität dar, die nach der Produktion der Software entweder für oder von Kundinnen und Kunden selbst durchgeführt wird und bei der kundenorientierte Anpassungen und Konfigurationen stattfinden. Der Softwarebereitstellungsprozess besteht aus einer Reihe miteinander verbundener Aktivitäten, die die Software sowohl bereitstellen als auch betriebsfähig halten. Dazu zählen Aktivitäten vor der Installation, wie die Freigabe oder Konfiguration der Software, und nachgereichte Aufgaben, wie die Überwachung, Deaktivierung, Aktualisierung, Neukonfiguration oder erneute Bereitstellung der Lösung (Dearle, 2007, S. 1). Die zunehmende Digitalisierung und Automatisierung der letzten Jahre hatte einen großen Einfluss auf die Softwarebereitstellung und neue Konzepte wie DevOps sind entstanden. DevOps ist ein Ansatz, der die beiden Aspekte Development und Operations miteinander verbindet, wobei die Operations-Seite die Bereitstellung und Wartung der Software übernimmt. Ein großer Fokus wird dabei auf die Automatisierung gelegt, um die Effizienz und Qualität des Bereitstellungsprozesses zu steigern (Leite et al., 2019, S. 1–3). Zu weiteren Konzepten, die neben DevOps entstanden sind, zählen „Artificial Intelligence for IT Operations (AIOps)" und IaC. AIOps greift die Fortschritte im AI-Bereich auf und kombiniert die wachsenden Fähigkeiten von AI mit dem Betrieb von IT-Systemen und -Umgebungen. Damit stellt AIOps einen revolutionären Ansatz dar, der DevOps-Teams weiterentwickelt und neue Fähigkeiten zur Verfügung stellt, um mit der unvermeidlich zunehmenden Komplexität von IT-Systemen umzugehen (Hausi A et al., 2023, S. 1). Konkret wird AI dabei beispielsweise für die Erkennung von Anomalien, zur Fehleranalyse, zur Leistungsoptimierung oder zur Kapazitätsplanung verwendet (Y. Liu, Pei et al., 2023, S. 1). IaC ist ebenfalls ein revolutionärer Ansatz, der viel Aufmerksamkeit in der IT-Branche auf sich gezogen hat. Bei diesem Ansatz erfolgt die Verwaltung und Bereitstellung von benötigter Infrastruktur durch Code und Automatisierung, anstelle von manuellen Aufgaben. Diese Verwaltung mittels Codeskripten oder Konfigurationsdateien kann sowohl für physische als auch für virtuelle Maschinen, Netzwerke, Speicher oder andere Ressourcen eingesetzt werden (Srivatsa et al., 2024, S. 1–2).

Für all diese Ansätze ist eine Unterstützung durch GAIs auf unterschiedliche Weise möglich. Es gilt jedoch zu erwähnen, dass einige dieser Unterstützungsmöglichkeiten bisher nur im experimentellen Rahmen getestet wurden und noch keinen Einzug in den allgemeinen Gebrauch gefunden haben. Mögliche Einsatzgebiete in diesem Bereich sind die Folgenden:

- **Pipeline Generierung:** Der Prozess zur Einrichtung einer „Continuous Integration und Continuous Deployment (CI/CD)" Pipeline kann durch die Integration von GAI automatisiert werden. Basierend auf dem verwendeten Software-Stack, den Entwicklungspraktiken und der Umgebung, in der die Software bereitgestellt werden soll, kann GAI Pipeline-Konfigurationen erzeugen, die eine reibungslose Integration, Testung und Bereitstellung von Änderungen gewährleisten (Calegario et al., 2023, S. 10). Mehta et al. bestätigen diese Einsatzmöglichkeiten in ihrer Studie, bei der sie GPT-3.5 und GPT-4 zur Erstellung von GitHub-Action-Abläufen verwenden, welche als CI/CD-Plattform bei GitHub fungieren. Bei dieser Studie entwickelten Mehta et al. ein Programm, das in jedes GitHub-Repository hinzugefügt werden kann, um automatisch GitHub-Action-Abläufe für dieses Repository zu generieren. Abschließend wurde darauf geschlossen, dass der Einsatz von GPT-4 einen bedeutenden Meilenstein im DevOps darstellt, da es DevOps-Praktiken gut versteht und syntaktisch korrekte GitHub-Action-Abläufe generieren kann, was zu einer Effizienz- und Effektivitätssteigerung für Entwickler*innen führt (Mehta et al., 2023).
- **Code Generierung für IaC:** LLMs haben ihre Fähigkeiten im Bereich der Codegenerierung mit Modellen wie GPT-4 oder Google PaLm bereits bewiesen. Dies legt den Ansatz nahe, LLMs auch für die Generierung von IaC-Konfigurationen zu verwenden, was das Problem der steilen Lernkurve in diesen Bereich adressieren würde (Srivatsa et al., 2024, S. 1). Dementsprechend ist es möglich, beispielsweise Kubernetes-Manifeste, Makefiles für die Build-Automatisierung, Dockerfiles für die Containerisierung oder Terraform-Module für die Infrastrukturverwaltung automatisch zu generieren. Indem bereitgestellte Infrastrukturanforderungen und Systemspezifikationen durch AI analysiert werden, können maßgeschneiderte Konfigurationen erstellt werden, wodurch eine nahtlose Bereitstellung und Skalierung der Anwendung gewährleistet wird (Calegario et al., 2023, S. 10). Der Einsatz von LLMs für diese Tätigkeiten wurde durch mehrere Studien bestätigt (Srivatsa et al., 2024, S. 3–6). So haben z.B. Pujar et al. einen Transformer-basierten Codegenerator entworfen, der in der Lage ist, Ansible-YAML-Dateien basierend auf NL-Inputs zu generieren. Dieser Generator hat bei Tests eine bessere Leistung erzielt als die bisher besten LLMs in diesem Bereich, wie etwa Codex-Davinci-002 (Pujar et al., 2023, S. 1).
- **Deployment-Code Analysen:** Nicht nur für die Erzeugung von IaC, sondern auch für die Analyse bestehender Konfigurationen kann GAI eingesetzt werden. „Quality Assurance (QA)" ist ein wichtiger Aspekt von DevOps und betrifft auch die Analyse von Deployment-Codes. Die zunehmende Komplexität moderner Cloud-Frameworks und -Services sowie die unterschiedlichen Hintergründe und Erfahrungslevel der DevOps-Teammitglieder gestalten diese QA schwierig. Eine Automatisierung dieses Prozesses ist eine naheliegende Lösung und LLMs können dabei helfen. Deployment-Codes, die zur Konfiguration moderner Cloud-Umgebungen verwendet werden und die durch IaC realisiert werden können, sind heutzutage allgegenwärtig. LLMs bieten eine vielversprechende Möglichkeit, QA an diesen Deployment-Codes durchzuführen. Dies ermöglicht es Personen, auch ohne Expertenwissen auf diesem Gebiet, durch vorgeschlagene Design-

muster und Korrekturvorschläge den Deployment-Code zu verbessern (Lanciano et al., 2023, S. 289–294). Ebenfalls sind LLMs dazu in der Lage, neben der Analyse allgemeiner IaC-Standards, Sicherheitslücken in IaC-Dateien zu identifizieren und Vorschläge für deren Behebung zu machen (Srivatsa et al., 2024, S. 4–5).

- **Fehlererkennung und Lösungsgenerierung:** In AIOps wurden AI-Technologien anfangs nur zur Überwachung von IT-Systemen und -Umgebungen eingesetzt, um schnell auf unerwartete Ereignisse reagieren zu können. Dieser Einsatz wurde durch Predictive AIOps erweitert, sodass potenzielle Anomalien automatisch erkannt werden konnten, bevor sie auftraten. Die aktuellste Form ist Proactive AIOps, wo der Schwerpunkt auf präventiven und risikomindernden Strategien liegt. Dabei wird der Fokus auf die frühzeitige Erkennung, die gründliche Analyse und die aktive Suche nach effizienten und effektiven Lösungen für potenzielle Probleme gelegt, die zu Systemfehlern, -störungen und -verschlechterungen führen können. LLMs können dazu beitragen, die Automatisierung im Proactive AIOps erheblich zu verbessern. Bereits jetzt werden LLMs vermehrt eingesetzt, um die Automatisierung und Verwaltung der Lebenszyklen wichtiger IT-Operations-Ereignisse zu unterstützen. Für diese Automatisierung sind Ressourcen wie Anwendungsprotokolle, Leistungsmetriken oder Serverartefakte, die einen Einblick in den Systembetrieb bieten, notwendig (Hausi A et al., 2023, S. 1–2). Unabhängig von AIOps ist zur Fehlererkennung zusätzlich eine Echtzeitüberwachung von Server-Logs mittels GAI möglich. Dies ermöglicht es, verdächtige Aktivitäten zu erkennen und diese zu melden. Bisher wurde hierfür nur ein Proof-of-Concept erstellt, welches bereits eine sehr hohe Genauigkeit aufweist und für reale Use-Cases eingesetzt werden könnte. Trotzdem bestehen bei diesem Verfahren noch einige Nachteile und es ist traditionellen Klassifizierungs-Algorithmen bisher unterlegen (Petrović, 2023, S. 5).

Zusammenfassend lässt sich sagen, dass GAI und LLMs im Bereich der Softwarebereitstellung bereits Fuß gefasst haben und einige Vorteile liefern können. Um das volle Potenzial dieser Technologien auszunutzen, sind jedoch noch weitere Forschungsanstrengungen notwendig. So bestehen aktuell noch einige Herausforderungen, wie das mangelnde Bewusstsein von LLMs über aktuelle Praktiken und Sicherheitsaspekte, die Generierung von Lösungen, die nicht mit den Anwendungsfällen übereinstimmen, Integrationsprobleme mit DevOps-Tools oder das Fehlen von Best Practices (Srivatsa et al., 2024, S. 8).

4.2.6 Wartung

Softwarewartung ist die letzte Phase des SDLC und umfasst alle Aktivitäten, die nach der Bereitstellung der Software anfallen, wie etwa das Beheben von Fehlern, die Verbesserung von Leistung oder anderen Aspekten oder die Anpassung des Programms an veränderte Umgebungen (Grubb und Takang, 2003, S. 7). Durch diese Aktivitäten soll die Qualität der Software vorlaufend sichergestellt werden. Damit ist die Softwarewartung eine sehr aufwändige Aufgabe und nimmt einen beträchtlichen Teil der Gesamtkosten eines Projektes in Anspruch. Dementsprechend sollte bei der Entwicklung von Softwaresystemen die Wartbarkeit immer berücksichtigt werden, was in der Praxis jedoch oft vernachlässigt wird. Dies führt häufig zu Produkten, die unzureichend getestet und dokumentiert sind und dementsprechend schwer zu verstehen. Oft muss sich bei der Wartung von Systemen auf das Wissen, das im Quellcode selbst eingebettet ist, verlassen werden. Dies führt in der Praxis oft dazu, dass Entwickler*innen viel Zeit damit verbringen, den Code zu verstehen, in andere Umgebungen zu konvertieren, zu reparieren oder zu refaktorisieren. Um Lösungen für diese Herausforderungen zu finden, ist dies ebenfalls ein Bereich, in dem intensiv an der Verwendung von GAI geforscht wird (Nguyen-Duc et al., 2023, S. 37).

Es gilt zu erwähnen, dass der Einsatz von GAI in der Wartungsphase Überschneidungen zu vorherigen Phasen aufweist. So ist beispielsweise das Arbeiten mit der bestehenden Codebasis sowohl Teil der Entwicklungsphase, weil dabei Sourcecode geschrieben wird, als auch Teil der Wartungsphase, weil Aktivitäten umfasst werden, die nach der Bereitstellung stattfinden. Für die folgenden Tätigkeiten kann GAI in der Wartungsphase unterstützend eingesetzt werden:

- **Automatische Reparatur:** Der Umfang moderner Softwaresysteme hat in den letzten Jahren kontinuierlich zugenommen, was zu einem erheblichen Anstieg an Fehlern in diesen Systemen geführt hat. Manuelles Debugging, um diese Fehler zu beheben, ist eine kritische Aufgabe in der Softwareentwicklung, die in der Regel viel Zeit und personelle Ressourcen erfordert. Mit dem Ziel einer Senkung der Kosten in diesem Bereich wurde der Ansatz „Automated Program Repair (APR)" entwickelt. Dieser zielt darauf ab, automatisch korrekte Patches zu generieren, um die menschliche Beteiligung am Debugging-Prozess zu minimieren. Zu traditionellen APR-Techniken zählen „heuristic-based", „constraint-based" und „template-based" Ansätze, wobei template-based bisher die besten Ergebnisse lieferten. Jedoch stößt der template-based Ansatz auch schnell an seine Grenzen, weil keine Fehler korrigiert werden können, die nicht im Template vorhanden sind (Zhang et al., 2023, S. 3–4). Ebenfalls ist ein DL-basierter Ansatz entstanden, der sehr rechenintensiv ist und trotzdem einige Bugs nicht beheben kann. LLMs bieten mit ihren umfangreichen Fähigkeiten nun eine vielversprechende Alternative. Es wurden viele unterschiedliche Ansätze untersucht, wie LLMs bei der Fehlerbehebung eingesetzt werden können. Einige Studien verwenden den fehlerhaften Code als Input und überlassen die Fehlerbehebung dem LLM. Dabei wird unterschieden, dass in einigen Fällen der Fehler bereits bekannt ist und das LLM den Fehler bewusst ausbessern soll, während in anderen Fällen das LLM den Fehler zunächst selbstständig identifizieren und anschließend beheben soll. Eine andere Herangehensweise ist, dass nicht der fehlerhafte Code als Eingabe übergeben wird, sondern eine Beschreibungen des Fehlers in natürlicher Sprache. Die Reparatur der Software erfolgt typischerweise entweder, indem eine vollständige Funktion generiert wird, in welcher der Fehler nicht mehr auftritt, oder indem ein korrekter Codeabschnitt eingefügt wird, der die fehlerhaften Abschnitte ersetzt oder ergänzt. Während diese Codereparaturen bei kleinen und simplen Programmen noch relativ gut funktionieren, nimmt die Rate an korrekten Fehlerbehebungen bei komplexeren Programmen drastisch ab. Dies unterstreicht die hohe Schwierigkeit dieses Bereichs und zeigt, dass noch weitere Forschungsanstrengungen auf diesem Gebiet notwendig sind (J. Wang et al., 2024, S. 12–13).

- **Leistungsverbesserung:** Seit der Entstehung von Computerprogrammierung ist die Leistungsoptimierung als sehr bedeutender Aspekt betrachtet worden. Lange Zeit lag der Fokus dabei auf dem Finden von Transformationen, die ein korrektes Programm in eine effizientere Version von sich selbst umwandeln, während seine Korrektheit erhalten bleibt. In jüngster Zeit hat die Forschung jedoch, inspiriert von der genetischen Programmierung und ARP, ein breiteres Spektrum an Transformationen in einem neuen Ansatz in Betracht gezogen, der als „Genetic improvement" bekannt geworden ist. Bei diesem Ansatz wird fehlerhafter Code in Kauf genommen, um die Leistung der Software zu verbessern. Die Freiheit, die Korrektheit des Codes entspannter zu betrachten, hat zu dramatischen Verbesserungen von nicht-funktionalen Eigenschaften geführt, wie bei Ausführungszeiten oder Speicher- und Stromverbrauch. Um die Korrektheit eines Programms weiterhin sicherzustellen, wird dem Testen von Software eine sehr große Bedeutung zugeschrieben, um semantische und syntaktische Fehler zu finden. Obwohl der Einsatz von AI in diesem Bereich bereits untersucht wurde, steht die Forschung erst am Anfang, die Verwendung von LLMs hierfür zu erforschen. Es existieren jedoch schon einige Studien, die LLMs wie GPT-4 oder BART erfolgreich zur Leistungsverbesserung von Software eingesetzt haben. LLMs stellen also einen weiteren Schritt in diesem Bereich dar. Auch wenn Code, der durch LLMs optimiert wurde, syntaktische oder semantische Fehler aufweist, können potenziell drastische Leistungsverbesserungen erzielt werden (Fan et al., 2023, S. 13–14).

- **Code Refactoring:** Ähnlich wie bei der Leistungsverbesserung wird beim Code Refactoring erwartet, dass sich das externe Verhalten der Software grundsätzlich nicht ändert. Im Gegensatz zur Leistungsverbesserung soll hier die interne Struktur der Codebasis verbessert werden, damit dieser leichter zu verstehen und einfacher zu warten wird (Fowler, 2018, S. 46). Das umfangreiche Coding-Wissen von GAIs legt nahe, dass diese Technologie dabei helfen kann, bestehenden Code lesbarer zu gestalten. Paldrack et al. ist aufgefallen, dass der von GPT-4 generierte Code deutlich lesbarer ist als jener, der häufig in der Forschung zu finden ist. Dies führte zu der Frage, ob GPT-4 auch die Qualität von bestehendem Code refaktorisieren kann. Die Ergebnisse zeigen, dass GPT-4 in der Lage ist, die Qualität des Codes, gemessen an gängigen Metriken zur Softwarequalität, zu verbessern. LLMs können also Softwareentwicklerinnen und Softwareentwicklern dabei helfen, Code zu erzeugen, der sauberer und potenziell wartbarer ist, als der Originalcode (Poldrack et al., 2023, S. 6).

- **Systemüberwachung:** In den letzten Jahren wurden Rechencluster und verteilte Systeme zunehmend komplexer. Dies lässt sich an Cloud-Systemen erkennen, die aus vielfältigen Hardware- und Softwarekomponenten bestehen, wie Containern, virtuellen Maschinen, Switches, Routern, usw. Die Zuverlässigkeit dieser Systeme ist jedoch entscheidend, da sich diese direkt auf die Benutzererfahrung sowie die Gesamtstabilität des Dienstes auswirkt. Die Überwachung dieser Systeme, um beispielsweise Anomalien zu erkennen, ist ein wichtiges Werkzeug, Zuverlässigkeit zu gewährleisten (Z. Yu et al., 2024, S. 1). GAI kann dabei helfen, Systemmetriken, Protokolle und Muster zu analysieren, um potenzielle Probleme zu diagnostizieren, diese nach ihrer Schwere zu priorisieren und entsprechende Maßnahmen vorzuschlagen. Dadurch können Ausfallzeiten minimiert und die Systemzuverlässigkeit verbessert werden (Calegario et al., 2023, S. 11). Insbesondere im Bereich der Cloud-Services wurden LLMs in den letzten Jahren eingesetzt, um Ursachen von Problemen zu identifizieren, Maßnahmen zur Behebung dieser vorzuschlagen, automatische Fehlerbehebungen durchzuführen und Zusammenfassungen über Ausfälle zu erstellen (Z. Yu et al., 2024, S. 10).

- **System-Verständnis fördern:** 40 bis 60 % des Aufwands in der Softwarewartung bestehen darin, das zu wartende System zu verstehen. Von GAI erstellte Codezusammenfassungen können hier zu entscheidenden Verbesserungen führen, um das Programmverständnis zu erleichtern und den damit verbundenen Aufwand zu reduzieren. Ebenfalls kann dadurch die Lücke geschlossen werden, die zwischen der laufenden Weiterentwicklung des Codes und der dazugehörigen Dokumentation entsteht und oft vernachlässigt wird (Nguyen-Duc et al., 2023, S. 38). Zusätzlich können Organisationen LLM-basierte Chatbots einsetzen, die speziell darauf ausgelegt sind, Entwickler*innen und Nutzer*innen zu unterstützen. Diese Chatbots können einerseits dabei helfen, Anfragen zu Code-Repositories zu beantworten, aber auch technischen Support auf Abruf bieten und die Berichterstattung über Softwarefehler zu erleichtern. Die Lernfähigkeit von LLMs ermöglicht es diesen Chatbots zusätzlich, die Genauigkeit ihrer Antworten kontinuierlich zu verbessern (Calegario et al., 2023, S. 11).

Insgesamt lässt sich erkennen, dass GAI in der Wartungsphase des SDLC bereits erfolgreich eingesetzt werden kann, um manuelle Arbeit zu reduzieren und die Qualität des Wartungsprozesses auf unterschiedliche Weise zu steigern. Allerdings stehen einige Einsatzgebiete, wie die automatische Reparatur oder die Leistungsverbesserung, noch relativ am Anfang und benötigen weitere Forschungsanstrengungen, um ihr volles Potenzial auszuschöpfen (Fan et al., 2023, S. 12–15). Auch wenn GAI in der Wartungsphase bereits unterstützend eingesetzt wird, ist diese Technologie noch nicht in der Lage, menschliche Arbeit vollständig zu ersetzen. Kollaborative LLMs sind eine vielversprechende Möglichkeit, um weitere Potenziale in diesem Bereich auszuschöpfen. Dabei erfolgt eine Integration mehrerer LLMs oder eine Kombination von LLMs mit speziellen ML-Modellen. Jedes LLM fungiert dabei als ein Experte und übernimmt eine spezifische Teilaufgabe innerhalb einer übergeordneten komplexen Aufgabe (Nguyen-Duc et al., 2023, S. 40–41).

4.3 GAI-Tools

Wie zu erkennen ist, kann der Einsatz von GAI in der Softwareentwicklung umfangreich und auf unterschiedliche Weise erfolgen. Nachdem nun bekannt ist, wie diese Technologie eingesetzt werden kann, stellt sich die Frage, welche konkreten Tools die benötigten Funktionalitäten bereitstellen. In diesem Kapitel erfolgt eine tabellarische Aufstellung von GAI-Tools und deren Einsatzmöglichkeiten, untergliedert nach den unterschiedlichen Phasen des SDLC. Die Auswahl der Tools erfolgte auf Basis der Aufmerksamkeit, die sie in der Fachliteratur erhalten, sowie mithilfe einer Internetrecherche. In der Fachliteratur wurden in den meisten Fällen große Modelle wie GPT-4 oder Gemini thematisiert. Spezialisiertere Modelle werden in der Fachliteratur nur selten erwähnt.

Um auch diese zu berücksichtigen, wurde zusätzlich eine Internetrecherche mithilfe von Google und ChatGPT durchgeführt. Während ChatGPT direkt Tools für unterschiedliche SDLC-Phasen vorschlug, wurden über Google eine Vielzahl von Vergleichsportalen und Blogbeiträgen gefunden und durchsucht. Hierbei ist jedoch zu berücksichtigen, dass einige Vergleichsportale selbst Anbieter von GAI-Tools waren, was die Objektivität dieser Quellen in Frage stellt. Anschließend wurden die Websites der einzelnen Tools für weitere Informationen besucht. Bei der Recherche ließ sich schnell feststellen, dass es nicht einfach ist, entsprechende Tools für alle Phasen zu finden. Dies stellt bereits eine Eintrittsbarriere für Entwickler*innen dar, derartige Technologien in ihren Entwicklungsprozess zu integrieren. Die Systeme, die am häufigsten erwähnt wurden und auf denen viele Lösungen basieren, sind Open AI's ChatGPT und die zugrundeliegenden LLMs GPT-3.5 und GPT-4 sowie Gemini von Google (Nguyen-Duc et al., 2023, S. 28). Der Einsatz dieser GAIs kann entlang des gesamten SDLC erfolgen, weshalb sie in der Tabelle nicht mehr explizit angeführt werden. Es lässt sich daraus schließen, dass diese Systeme die aktuell einflussreichsten GAIs in der Softwarebranche darstellen. Die gefundenen Tools werden in den Tabellen 4.1 bis 4.6 pro Phase getrennt aufgeführt.

Name	Technologie	GAI Verwendung	Quelle
Atlassian Jira	Atlassian Intelligence (OpenAI als Drittanbieter)	Requirements Management	https://www.atlassian.com/software/jira
Aqua	Keine Angabe	Anforderungs- und Testfallmanagement	https://aqua-cloud.io/
Freehand	Freehand AI (OpenAI und Google als Drittanbieter)	Visuelle Planungssoftware	https://www.freehandapp.com/

Tabelle 4.1: GAI-Tools in der Analysephase

Name	Technologie	GAI Verwendung	Quelle
Figma KI	KI-Modelle von Drittanbietern	Umfangreiche Unterstützung bei UI/UX-Designs sowie bei Wireframe und Mockup Erstellung und Planung.	https://www.figma.com/ai/
uizard	Unterschiedliche Modelle	Umfangreiche Unterstützung bei UI/UX-Designs sowie bei Wireframe und Mockup Erstellung.	https://uizard.io/
Canva	Magic Studio	Erstellung und Bearbeitung von Designs, Bildern, Videos und Texten.	https://www.canva.com/
DALL-E 3	DALL-E 3	Erstellung von Bildern	https://openai.com/index/dall-e-3/

Tabelle 4.2: GAI-Tools in der Entwurfsphase

Name	Technologie	GAI Verwendung	Quelle
GitHub Copilot	Codex	Code Vervollständigung, Generierung, Erklärung und mehr	https://github.com/features/copilot
Tabnine	Eigene Transformer basierte Modelle	Code Vervollständigung, Generierung, Erklärung und mehr	https://www.tabnine.com/
Amazon Q Developer	Unterschiedliche Modelle über Amazon Bedrock	Code Vervollständigung, Generierung, Erklärung und mehr	https://aws.amazon.com/q/developer/
codeium	Eigenes Modell	Code Vervollständigung, intelligente Suche und AI-Chat für weitere Funktionen	https://codeium.com/
Mintlify	GPT-4	Erstellung von Benutzerdokumentationen	https://mintlify.com/

Tabelle 4.3: GAI-Tools in der Entwicklungsphase

Name	Technologie	GAI Verwendung	Quelle
GitHub Copilot	Codex	Generierung von Testfällen	https://github.com/features/copilot
Katalon	OpenAI's GPT (Genaue Version nicht bekannt)	Generierung von Tests	https://katalon.com/
Tricentis Tools	Azure OpenAI-Modell	Generierung von Tests	https://www.tricentis.com/
Eggplant Test	Keine Angaben	Testgenerierung und -optimierung sowie Frage-Antwort-Funktionalitäten	https://www.keysight.com/us/en/products/software/software-testing/eggplant-test.html

Tabelle 4.4: GAI-Tools in der Testphase

Name	Technologie	GAI Verwendung	Quelle
GitHub Copilot	Codex	Generierung von IaC	https://github.com/features/copilot
Kubiya	Vier selbst erstellte LLMs	Chatbot für DevOps-Aufgaben	https://www.kubiya.ai/
PagerDuty	Keine Angaben	Copilot für AIOps-Aufgaben	https://www.pagerduty.com/
harness	Keine Angaben	CI-Pipeline-Generierung, Schwachstellenanalyse und mehr	https://www.harness.io/

Tabelle 4.5: GAI-Tools in der Bereitstellungsphase

Name	Technologie	GAI Verwendung	Quelle
Amazon CodeGuru	ML und Automated Reasoning	Identifizierung von Code-Schwachstellen und Generierung von Verbesserungsvorschlägen	https://aws.amazon.com/codeguru/
Snyk	DeepCode AI	Identifizierung von Code-Schwachstellen und Generierung von Verbesserungsvorschlägen	https://snyk.io/
dynatrace Davis® KI	Davis CoPilot	Generierung von Analysen, Dashboards, Empfehlungen und mehr	https://www.dynatrace.com/de/platform/artificial-intelligence/
Figstack	Keine Angaben	Erklären von Code, Übersetzung zwischen Programmiersprachen, Überprüfen der Zeitkomplexität	https://www.figstack.com/

Tabelle 4.6: GAI-Tools in der Wartungsphase

4.4 Veränderte Anforderungen

Wie im Kapitel 4.2 festgestellt wurde, kann GAI entlang des gesamten SDLC eingesetzt werden, um beispielsweise repetitive Aufgaben zu automatisieren, den Debugging-Prozess zu verbessern und noch vieles mehr (Petrovska et al., 2024, S. 37). Auch wenn dieser aktuelle Stand vielversprechende Potenziale in Aussicht stellt, stehen die aktuellsten Entwicklungen von GAI in Form von LLMs noch relativ am Anfang und es lässt sich noch nicht eindeutig sagen, wie schnell und wohin sich diese Technologie entwickeln wird. Sauvola et al. sind sich dieser Potenziale auch bewusst und stellen aufgrund der Unsicherheit zukünftiger Entwicklungen vier unterschiedliche Szenarien vor, in welchem Ausmaß GAI, insbesondere durch LLMs, den Softwareentwicklungsprozess beeinflussen wird. Diese Szenarien beginnen beim aktuellen Stand, wo Menschen noch alle Rollen innehaben und die gesamte Verantwortung tragen. GAI findet bei diesem Szenario den geringsten Einsatz und wird nur zur Automatisierung von Aufgaben, wie zur Code-Erstellung, verwendet. Die Szenarien entwickeln sich dahingehend weiter, dass GAI immer mehr Verantwortung über zunehmend komplexe Aufgaben und ganze Rollen übernimmt, wobei der Mensch immer weiter in den Hintergrund rückt. Im letzten Szenario ist GAI für die Automatisierung der meisten oder sogar aller Aufgaben im Entwicklungsprozess zuständig und der Mensch überwacht und kontrolliert den Prozess nur noch. Es ist zu erkennen, dass GAI in allen Szenarien eine wichtige Rolle spielt und aus der Softwareentwicklung nicht mehr wegzudenken sein wird (Sauvola et al., 2024, S. 1–5).

Nachdem nun klar ist, dass GAI auch zukünftig eine wichtige Rolle in der Softwareentwicklung spielen wird, gilt es zu klären, wie sich Personen, die im SDLC mit dieser Technologie konfrontiert werden, anpassen müssen. Es ist diesbezüglich zu erkennen, dass Expertinnen und Experten ihren Fokus in der Fachliteratur auf unterschiedliche Aspekte richten, da hier versucht wird, in eine unsichere Zukunft zu blicken. Die meisten sind sich jedoch einig, dass GAI vor allem repetitive Aufgaben automatisieren wird (Sauvola et al., 2024, S. 26; Coutinho et al., 2024, S. 3; Petrovska et al., 2024, S. 1; Ulfsnes et al., 2024, S. 8). Dies führt zu unterschiedlichen Vorteilen für Entwickler*innen. Beispielsweise wurden positive Korrelationen zwischen der Automatisierung repetitiver Aufgaben durch GAI und der Produktivität in der Softwareentwicklung festgestellt (Coutinho et al., 2024, S. 3). Ebenfalls steigt die Motivation und Freude an der Arbeit, wenn sich weniger auf repetitive und oberflächliche und mehr auf kreative und anspruchsvolle Aufgaben konzentriert werden kann (Ulfsnes et al., 2024, S. 8). Über diese Automatisierung hinaus gibt es unterschiedliche Ansichten, wie GAI die Anforderungen an Softwareentwickler*innen ändern wird. Extreme Stimmen behaupten, dass das Ende der Programmierung im Allgemeinen bevorsteht und klassische Software-Engineering-Fähigkeiten wie Requirements Engineering und Softwaretesten in den Mittelpunkt rücken werden. Denny et al. argumentieren jedoch, dass trotz der Fähigkeit, in kurzer Zeit umfangreiche Mengen an Code zu generieren, die Kompetenz, Code zu verstehen, zu modifizieren und Fehler zu beheben, nicht obsolet wird. Die Fähigkeit, Code zu lesen, zu testen und zu validieren, ist für Benutzer*innen von essenzieller Bedeutung, da sie ansonsten Gefahr laufen, dem generierten Code blindes Vertrauen zu schenken und sich nicht mehr auf fundierte Expertise zu verlassen. Auch wenn Entwickler*innen zukünftig weniger Zeit mit dem Schreiben von „Low-Level"-Code verbringen werden, wird Code trotzdem noch modifiziert und in größere Programme integriert werden müssen (Denny et al., 2024, S. 66). Daun und Brings stimmen diesen Ansichten ebenfalls zu und betonen, dass GAI zwar viele Coding-Aufgaben übernehmen wird, die Bedeutung anderer Software-Engineering-Aufgaben, wie Software-Design, -Architektur und -Validierung, jedoch wichtiger wird. Dementsprechend ist eine Anpassung der Ausbildung von Software Engineers notwendig, um Auszubildende auf diese veränderten Rahmenbedingungen vorzubereiten (Daun und Brings, 2023, S. 111).

Nicht nur Neueinsteiger*innen sondern auch erfahrene Entwickler*innen müssen lernen, mit GAI umzugehen, um entsprechende Mehrwerte zu erzielen. Gewohnte Arbeitsabläufe werden sich durch die Einbindung dieser Technologie verändern. So ist es beispielsweise möglich, dass LLMs bestehende Plattformen wie StackOverflow oder Reddit, welche sich zu wichtigen Informationsquellen für Entwickler*innen entwickelt haben, ersetzen werden. Es ist also eine gezielte Weiterbildung von Entwicklerinnen und Entwicklern notwendig, um diesen einen effektiven und effizienten Umgang mit ausgewählten GAI-Tools zu ermöglichen. Diese Weiterbildungen können in der Form von regulären Workshops oder maßgeschneiderten Schulungsmodulen erfolgen, in denen die korrekte Integration von GAI-Tools in bestehende Workflows erlernt wird. Wichtig ist dabei, dass diese Ausbildungen kontinuierlich stattfinden, um bei sich derartig schnell entwickelnden Technologien auf dem neuesten Stand zu bleiben. Des Weiteren sind Feedback-Schleifen erforderlich, um laufend Rückmeldung bezüglich der eingesetzten Tools sowie des Ausbildungsstands zu erhalten. Auf diese Weise können iterative Verbesserungen vorgenommen werden. Teil dieser Ausbildungen ist es ebenfalls, über neueste Entwicklungen und Best Practices im Bereich GAI aufgeklärt zu werden, was auch ein Verständnis für damit verbundene Risiken beinhaltet, wie Biases und Sicherheitslücken (Russo, 2024, S. 39–41).

Zusammenfassend lässt sich sagen, dass die zunehmende Integration von GAI in den SDLC zwar noch einige Ungewissheiten birgt, jedoch wesentliche Auswirkungen auf die damit verbundenen Berufsgruppen haben wird. Während repetitive Aufgaben und das Erstellen von Low-Level-Code zunehmend automatisiert werden, rücken andere Aufgaben, wie das Designen, Testen und Validieren von Code in den Vordergrund. Um den daraus resultierenden Anforderungen gerecht zu werden, ist eine gezielte Aus- und Weiterbildung von Auszubildenden sowie von erfahrenen Berufstätigen erforderlich.

4.5 Mehrwerte durch GAI in der Softwareentwicklung

Dieses Kapitel dient der teilweisen Beantwortung der Forschungsfrage F1, indem die durch den Einsatz von GAI in der Softwareentwicklung entstehenden Mehrwerte zusammengefasst werden. Es lässt sich erkennen, dass GAI für eine Vielzahl unterschiedlicher Aspekte im SDLC eingesetzt werden kann, wobei jedoch eine menschliche Anpassung klar erforderlich ist, um das volle Potenzial dieser Technologie auszuschöpfen (Calegario et al., 2023, S. 33). Wird diese Kooperation zwischen Mensch und Maschine korrekt umgesetzt, können viele Mehrwerte erreicht werden. Der größte Mehrwert, der in der Fachliteratur am meisten Aufmerksamkeit bekommt und bei dem sich die meisten Autorinnen und Autoren einig sind, ist die Steigerung der Produktivität (Russo, 2024, S. 2; Coutinho et al., 2024, S. 5; Ulfsnes et al., 2024, S. 2–3; Rajbhoj et al., 2024, S. 10; Ebert & Louridas, 2023, S. 34; Calegario et al., 2023, S. 32–33; Sauvola et al., 2024, S. 26). Diese Produktivitätssteigerung ist auf unterschiedliche Aspekte zurückzuführen. Ein wichtiger Punkt, der zu dieser Steigerung beiträgt, ist die automatisierte Erstellung relevanter Inhalte wie Code, Reports oder Designs (Coutinho et al., 2024, S. 5). Damit in Verbindung steht die Rationalisierung traditioneller Aufgaben wie die Verfeinerung bestehender Codestrukturen oder die Durchführung gründlicher Ursachenanalysen. Durch die Einbindung von GAI wird nicht nur der Zeitaufwand für diese Aktivitäten verringert, sondern auch die Effizienz und Effektivität des gesamten Entwicklungsprozesses gesteigert (Russo, 2024, S. 2).

Neben der Steigerung der Produktivität ist eine Verbesserung der Qualität in der Softwareentwicklung (Sauvola et al., 2024, S. 1), höhere Motivation und Freude an der Arbeit sowie eine vereinfachte Wissensaneignung möglich (Coutinho et al., 2024, S. 5). Die Steigerung der Qualität sowie der Produktivität ist vor allem bei niedrig qualifizierten Arbeitnehmerinnen und Arbeitnehmern spürbar, wohingegen höher qualifizierte eine geringere Steigerung aufweisen (Ulfsnes et al., 2024, S. 3). Durch die Automatisierung routinemäßiger Aufgaben kann sich auf komplexere und kreativere Tätigkeiten konzentriert werden, wodurch die Codequalität verbessert werden kann. Einhergehend ist eine höhere Motivation und Freude an der Arbeit, weil wiederholende Aufgaben als unbedeutend und geistig nicht anspruchsvoll gesehen werden. Ebenfalls wird der Umgang mit GAI selbst als unterhaltsam empfunden, da dabei die Möglichkeit besteht, mit neuen Technologien zu experimentieren (Ulfsnes et al., 2024, S. 12). Abschließend kann GAI auch zum Lernen und Wissenserwerb beitragen, was in enger Verbindung mit der Produktivität steht. Auch wenn noch Herausforderungen wie Halluzinationen oder Biases bestehen und Informationen daher überprüft werden müssen, ist das Verwenden von GAI-Tools effizienter als die manuelle Suche über Suchmaschinen (Coutinho et al., 2024, S. 5).

Zusammenfassend lässt sich sagen, dass der Einsatz von GAI viele Mehrwerte in der Softwareentwicklung bringen kann, die eng miteinander in Verbindung stehen. Den größten Mehrwert stellt dabei die Steigerung der Produktivität über alle Phasen des SDLC dar. Eine reine Integration von der aktuellsten GAI-Technologie ohne klare Methodik reicht jedoch nicht aus und führt zu suboptimalen Ergebnissen. Die Einbindung muss gründlich geplant werden, um eine effektive Zusammenarbeit zwischen Mensch und AI sicherzustellen.

5 Umfrage zu GAI in der Softwareentwicklung

Der theoretische Teil dieser Arbeit ist abgeschlossen und es wird in den empirischen Teil übergegangen. Bisher wurden die grundlegenden Konzepte von GAI erläutert und anschließend genauer auf den Einsatz von GAI im SDLC eingegangen. Im Rahmen des deduktiven Vorgehens in dieser Arbeit wird im empirischen Teil eine quantitative Umfrage durchgeführt, um praxisrelevante Daten über den Durchdringungsgrad und die Mehrwerte von GAI in der Softwareentwicklung zu erheben. In diesem Kapitel werden zunächst Hypothesen aufgestellt, die sich aus der Theorie ableiten und an denen sich der empirische Forschungsprozess orientiert. Anschließend wird das Untersuchungsdesign erläutert und auf den Aufbau des Fragebogens sowie die Zielgruppen und Einschränkungen bei der Datenerhebung eingegangen. Der vollständige Fragebogen ist im Anhang zu finden.

5.1 Hypothesen

Vor der Erstellung des Fragebogens wurden Hypothesen aufgestellt, um grundlegende Erwartungen an die Untersuchungsergebnisse zu stellen. Jede aufgestellte Hypothese beschreibt vermutete Ursachen-Wirkungs-Zusammenhänge in einer wissenschaftlichen Form. Die Funktion der vorliegenden Hypothesen bestand darin, bei der Konzeption und der Operationalisierung des empirischen Teils dieser Arbeit unterstützend zu wirken. Somit wurde der Fragebogen sowohl in Anlehnung an die Forschungsfragen als auch unter Berücksichtigung der aufgestellten Hypothesen konzipiert. Des Weiteren sollte dadurch sichergestellt werden, dass keine irrelevanten Fragen an die Befragten gestellt wurden, da ein Ziel des Fragebogens darin bestand, diesen möglichst kompakt zu halten. Die Ergebnisse des Fragebogens dienten somit der Beantwortung der Forschungsfragen sowie der Überprüfung der aufgestellten Hypothesen, um diese schlussendlich zu bestätigen oder zu falsifizieren (Töpfer, 2012, S. 179–190).

Die Aufstellung der wissenschaftlichen Hypothesen erfolgte in Anlehnung an den zuvor dargelegten theoretischen Teil dieser Arbeit, um den Umfang der Arbeit und die damit verbundene Forschungsfragen nicht zu überschreiten. Im Rahmen der Auseinandersetzung mit der Fachliteratur sowie dem Aufbau des theoretischen Teils haben sich einige Thesen ergeben. Da es sich hierbei noch um unausgereifte Überlegungen handelte, werden diese zu konkreteren wissenschaftlichen Hypothesen ausformuliert. Somit ergaben sich die fünf wissenschaftlichen Hypothesen und die dazugehörigen Nullhypothesen, auf die im Folgenden genauer eingegangen wird (Töpfer, 2012, S. 179–190).

H1: Je größer das Unternehmen, desto häufiger gibt es Regelungen und Organisationseinheiten, die sich mit dem Einsatz und der Einführung von GAI-Tools befassen.
H1-0: Die Größe des Unternehmens hat keinen Einfluss auf die Existenz von Regelungen und Organisationseinheiten, die sich mit dem Einsatz und der Einführung von GAI-Tools befassen.

Diese Hypothese basiert auf der Annahme, dass das laufende Beschaffen von Informationen, um auf dem neusten Stand zu bleiben, sowie die Auswahl und Implementierung von passenden GAI-Tools mit großen Aufwänden verbunden ist. Für kleine Softwareunternehmen bestand nun die These darin, dass für diesen Aufwand die notwendigen Ressourcen nicht zur Verfügung stehen. Große Unternehmen besitzen hingegen die notwendigen Ressourcen, um ganze Organisationseinheiten zu schaffen, die sich mit dem Einsatz von GAI-Tools befassen. Ebenfalls kommen bei großen Unternehmen Skaleneffekte ins Spiel, wodurch ein wesentlich größerer Nutzen aus dem Einsatz von GAI-Tools erzielt werden kann. Da in großen Softwareunternehmen mehr Mitarbeiter*innen beschäftigt sind, können auch mehr Personen einen Nutzen aus den eingeführten Tools ziehen und beispielsweise ihre Produktivität steigern.

H2: Je unerfahrener die Person in ihrem Berufsfeld ist, desto häufiger werden GAI-Tools eingesetzt.
H2-0: Die berufliche Erfahrung hat keinen Einfluss auf die Häufigkeit, mit der GAI-Tools eingesetzt werden.

Die zugrundeliegende Annahme dieser Hypothese basiert auf der Feststellung von Li et al. im Kapitel 4.2.2, dass erfahrene UX-Designer*innen GAI-Tools lediglich als unterstützendes Werkzeug betrachten, während bei Junior-Designerinnen und -Designern ein Abbau von Fähigkeiten befürchtet wird. In der Konsequenz sind unerfahrene Berufstätige eher auf die Fähigkeiten von GAI angewiesen und wenden diese Tools entsprechend häufiger und für eine Vielzahl von Aufgaben an. Des Weiteren lässt sich annehmen, dass unerfahrene Personen in ihrem Berufsfeld häufiger auf Unterstützung angewiesen sind als erfahrene Berufstätige, welche durch GAI bereitgestellt werden kann. Hierbei gilt es jedoch zu beachten, dass es alternative Möglichkeiten gibt, um an Informationen zu gelangen, wie online Suchmaschinen oder Rücksprachen mit Kolleginnen und Kollegen. Dementsprechend spielen vermutlich auch andere Faktoren bei der Nutzung von GAI-Tools eine Rolle, wie beispielsweise die Technologieakzeptanz.

H3: GAI-Tools werden in den Phasen des SDLC unterschiedlich oft eingesetzt.
H3-0: GAI-Tools werden gleich häufig in allen Phasen des SDLC eingesetzt.

Die aktuelle Forschung zum Einsatz von GAI in den SDLC-Phasen zeigt, dass der Forschungsstand je nach Phase unterschiedlich weit fortgeschritten ist, wie im Kapitel 4.2 zu erkennen ist. Dies manifestiert sich beispielsweise in der Quantität und Qualität der verfügbaren Fachliteratur zu den einzelnen Phasen. Insbesondere zur Entwicklungs- und Testphase lassen sich eine Vielzahl tiefgreifender Publikationen ausfindig machen, während zu anderen Phasen, wie der Bereitstellungsphase, nur eine geringe Anzahl an Literatur vorhanden ist. Die These, die dieser Hypothese zugrunde liegt, bestand darin, dass sich diese Unterschiede auch in der Praxis widerspiegeln. Dementsprechend wurde eine unterschiedliche Einsatzhäufigkeit je Phasen erwartet.

H4: Verschiedene Mehrwerte, die durch den Einsatz von GAI entstehen, werden unterschiedlich oft wahrgenommen.
H4-0: Alle Mehrwerte, die durch den Einsatz von GAI entstehen, werden gleich häufig wahrgenommen.

Wie im Kapitel 4.5 erläutert, stellt laut Fachliteratur die Produktivitätssteigerung den größten Mehrwert dar, der durch den Einsatz von GAI-Tools entsteht. Diese Produktivitätssteigerung ergibt sich durch unterschiedliche Aspekte, wie das Automatisieren oder Rationalisieren von Aufgaben. Dies ist auch ein durchgängiges Muster im Kapitel 4.2, wo GAI in vielen Fällen zur Automatisierung oder Verbesserung repetitiver Aufgaben eingesetzt wird. Mithilfe dieser Hypothese sollte überprüft werden, ob Personen, die GAI im SDLC einsetzen, diese Meinung mit der Fachliteratur teilten und manche Mehrwerte öfter wahrgenommen haben als andere. Andere Mehrwerte wie die Steigerung der Qualität oder der Motivation sowie eine einfachere Wissensaneignung werden der Produktivitätssteigerung gegenübergestellt.

H5: Je intensiver GAI-Tools eingesetzt werden, desto produktiver ist die Softwareentwicklung.
H5-0: Der Einsatz von GAI-Tools hat keinen Einfluss auf die Produktivität der Softwareentwicklung.

Wie auch H4 beruhte diese Hypothese auf der Feststellung in Kapitel 4.5, dass die Steigerung der Produktivität ein wesentlicher Mehrwert ist, der durch den Einsatz von GAI-Tools entsteht. Diese Feststellung sollte mithilfe dieser Hypothese überprüft werden. Dazu wurde untersucht, in welchem Maße die Produktivitätssteigerung mit der Intensität des Einsatzes von GAI positiv korrelierte. Eine Einschränkung bei dieser Hypothese ergab sich durch die subjektive Einschätzung der Befragten, da weder die Nutzungsintensität noch die Produktivitätssteigerung in der Umfrage objektiv gemessen werden konnten. Die Antworten waren von den individuell unterschiedlichen Einschätzungen der Befragten abhängig.

5.2 Untersuchungsdesign

Für die Datenerhebung wurde sich für eine quantitative Befragung in Form eines Online-Fragebogens entschieden. Der Fragebogen wurde entworfen, um einen genaueren Einblick in den Durchdringungsgrad, die organisatorische Reife sowie die wahrgenommenen Mehrwerte von GAI-Tools in der Softwarebranche zu bekommen. Dabei war es von Interesse, wie Unternehmen und betroffene Einzelpersonen auf das Aufkommen dieser neuen Technologie reagieren und wie sie damit im Arbeitsalltag umgegangen sind. Eine quantitative Datenerhebung hat sich für diesen Fall als geeignet erwiesen, da der Durchdringungsgrad durch viele individuelle Ansichten von Personen und Unternehmen geprägt wurde. Eine qualitative Forschung, beispielsweise in From eines Experteninterviews, hätte zwar ebenfalls tiefe Einblicke ermöglichen können, jedoch hätte es sich als schwierig erwiesen, die Ergebnisse zu quantifizieren und zu generalisieren. Ebenfalls waren die Meinung jener Personen besonders wichtig, die direkt durch den Einsatz von GAI-Tools betroffen waren, welche durch eine quantitative Befragung besser erreicht werden konnten.

Der Fragebogen wurde in einer digitalen Form erstellt und online über einen Link zur Verfügung gestellt. Für die Erstellung des Fragebogens wurde die bezahlte Version des Online-Service LimeSurvey verwendet, da die FH Joanneum für diesen Anbieter eine Lizenz zur verfügung gestellt hat (LimeSurvey, n. d.). LimeSurvey stellt ähnlich wie Google Froms oder SurveyMonkey eine Plattform zur Verfügung, über die Online-Umfragen einfach erstellt und verteilt werden können. Des Weiteren bietet LimeSurvey die Funktion, Verzweigungen und Bedingungen zwischen Fragen zu erstellen, welche in dieser Umfrage genutzt wurden. Die online Form des Fragebogens bot im Rahmen dieser Arbeit einige Vorteile gegenüber eines handschriftlichen Fragebogens. So war eine vereinfachte Distribution des Fragebogens möglich, da dieser mittels Link über unterschiedliche Kanäle wie E-Mail oder Social Media verteilt werden konnte. Ebenfalls bestand eine bessere Zielgruppenorientierung, wobei auf die Zielgruppe in Kapitel 5.4 noch genauer eingegangen wird. Grundsätzlich wurde jedoch davon ausgegangen, dass die Zielgruppe der Befragung Personen waren, die eine hohe Technikaffinität besaßen und somit einen Online-Fragebogen bevorzugten. Online-Services wie LimeSurvey bieten in der Regel auch Möglichkeiten zur einfachen Auswertung der Antworten. So werden einfache Statistiken und Grafiken automatisch generiert, und zur genaueren Analyse können Exports erstellt werden, die von Statistiksoftware wie SPSS verarbeitet werden können.

Im Rahmen dieser empirischen Forschung stellten die vier Anforderungen Objektivität, Validität, Reliabilität und Generalisierbarkeit die grundlegenden Gütekriterien dar. Die Objektivität besagt, dass die Befragten in keiner Weise beeinflusst werden dürfen, weil dadurch Antworten verfälscht oder manipuliert werden können. Dies wurde im Rahmen der Umfrage durch eine neutrale Formulierung der Fragen und der Versandtexte, mit denen die Links an die Stichprobe übermittelt wurden, gewährleistet. Die Validität legt fest, dass das Gemessene dem entspricht, was auch tatsächlich gemessen werden soll. Um dies sicherzustellen, erfolgte die Formulierung der Fragen auf Basis der aus der Theorie abgeleiteten Hypothesen. Zusätzlich wurden die Merkmalsausprägungen teilweise aus bereits bestehenden Skalen übernommen oder aus der Theorie abgeleitet. Laut der Reliabilität müssen die Ergebnisse der Umfrage reproduzierbar sein, auch wenn sie von unterschiedlichen Personen durchgeführt werden. Dies ließ sich mit dieser einmaligen Durchführung nicht gewährleisten, da sich das Feld der GAI in der Softwareentwicklung ständig weiterentwickelt. Zuletzt bestand die Forderung der Generalisierbarkeit, welche besagt, dass die in der Umfrage einbezogenen Merkmalsträger*innen so auszuwählen sind, dass die Messergebnisse auf die Grundgesamtheit übertragen werden können. Dies stellte eine große Herausforderung dar und konnte nicht vollkommen gewährleistet werden. Genauer wird in den Kapiteln 5.4 und 5.5 darauf eingegangen.

5.3 Aufbau des Fragebogens

Zu Beginn des Fragebogens wurden die Befragten über die allgemeinen Rahmenbedingungen des Fragebogens in einem kurzen Text informiert. Zunächst wurden sie darüber in Kenntnis gesetzt, in welchem Kontext und Zusammenhang die Umfrage durchgeführt wurde. Anschließend erfolgte eine kurze Erläuterung der Phasen des SDLCs, um ein einheitliches Verständnis der unterschiedlichen Phasen bei allen Befragten zu gewährleisten und die Qualität der Antworten zu optimieren. Dies war notwendig, da der SDLC, wie im Kapitel 4.1 erläutert, nicht einheitlich definiert ist. Zudem wurde ihnen die ungefähre Dauer des Fragebogens mitgeteilt, die auf vier bis sieben Minuten geschätzt wurde. Abschließend erfolgte eine Aufklärung über den Datenschutz und die Anonymität der Umfrage.

Der Teil des Fragebogens, der die Fragen enthalten hat, war in zwei Abschnitte unterteilt. Der erste Abschnitt enthielt Fragen zur Demografie und zum beruflichen Umfeld, um eine Gruppierung der Teilnehmer*innen zu ermöglichen. Der zweite Abschnitt beschäftigte sich mit organisatorischen Regelungen bezüglich GAI und mit dem Einsatz von GAI-Tools im SDLC. Dabei wurden die beiden Aspekte des Durchdringungsgrades und der organisatorischen Reife von GAI im unternehmerischen Kontext erfragt. Wie die Erhebung dieser Daten erfolgte, wird in den nachfolgenden Kapiteln genauer erläutert. Auf die konkreten Fragestellungen wird dabei nicht eingegangen. Diese können aus dem Fragebogen im Anhang entnommen werden.

5.3.1 Demografie und berufliches Umfeld

Die Erhebung der Daten bezüglich Demografie und dem beruflichen Umfeld war von Bedeutung, um die Befragten bei der Auswertung des Fragebogens in Gruppen einzuteilen. Diese Einteilung war zur Überprüfung einiger Hypothesen von Bedeutung. Insgesamt wurden fünf Fragen formuliert, die das Alter, das Unternehmen, die Unternehmensgröße, das Berufsfeld und die Berufserfahrung der Befragten festgestellt haben. Zur Bestimmung des Alters wurde eine Ordinalskala verwendet, wobei die beiden äußersten Antwortmöglichkeiten Minderjährige und Personen im Pensionsalter abdecken. Die Fragestellung nach dem Unternehmen der Befragten trug dazu bei, die Generalisierbarkeit der Ergebnisse zu gewährleisten. Im Rahmen der Auswertung konnte somit eruiert werden, aus wie vielen unterschiedlichen Unternehmen Antworten abgegeben wurden. Wäre ein Großteil der Antworten von einem einzigen Unternehmen gekommen, könnten zwar valide Aussagen über dieses Unternehmen, nicht aber über die Grundgesamtheit getroffen werden. In Bezug auf die Unternehmensgröße konnten verschiedene Merkmale herangezogen werden, beispielsweise der Umsatz oder die Bilanzsumme. Im Rahmen der Umfrage wurde die Mitarbeiteranzahl herangezogen. Diese wird in Österreich, neben den beiden anderen genannten Kriterien, zur Einteilung von Unternehmen in Größenklassen verwendet (Österreich, 2023). Die Einteilung der Teilnehmer*innen in Berufsfelder erfolgte nach den Phasen des SDLCs, die im Kapitel 4.1.2 beschrieben wurden. Dies erwies sich als einfache Methode, da Berufsprofile in der Softwareentwicklung häufig nicht klar abgrenzbar sind und Berufsbezeichnungen vielseitig sein können. Zur Erfassung der Berufserfahrung wurde eine Ordinalskala verwendet, anhand derer die Befragten ihre eigene Einschätzung vornehmen konnten.

5.3.2 Durchdringungsgrad

Der Durchdringungsgrad von GAI im SDLC bezieht sich auf die Intensität der Nutzung von GAI-Tools in den unterschiedlichen Phasen. Die Ermittlung dieses Werts dient der Beantwortung der Forschungsfrage F2. Dazu wurde durch eine Ordinalskala abgefragt, wie häufig GAI-Tools im Arbeitsumfeld eingesetzt wurden. Zudem wurde erfragt, in welchen Phasen des SDLCs die Befragten GAI-Tools eingesetzt haben. Je nachdem, welche Phasen dabei gewählt wurden, wurden den Befragten zusätzliche Fragen gestellt, welche Tools sie eingesetzt haben und wofür. Um die Frage nach den eingesetzten Tools für die Befragten und die Auswertung zu erleichtern, wurden als Antwortoptionen die in Kapitel 4.3 vorgestellten Tools bereitgestellt. Dabei standen ChatGPT und Gemini in jeder Phase zur Auswahl, da diese sehr weit verbreitet und universal einsetzbar sind (Kanbach et al., 2023, S. 5–6). Bei der Frage, wofür die Instrumente eingesetzt wurden, wurden die im Kapitel 4.2 besprochenen Einsatzmöglichkeiten und eine weitere Option als Antwortmöglichkeit vorgegeben.

Weitere Punkte, die mit dem Grad der Durchdringung zusammenhingen, waren eine Kontrollfrage, wahrgenommene Mehrwerte und die drohende Substitution menschlicher Arbeitskraft. Zur Überprüfung der Antworten wurde gegen Ende eine Kontrollfrage gestellt, für welche Phasen des SDLCs die Befragten die Verwendung von GAI-Tools weiterempfehlen würden. Sollten hier Phasen gewählt worden sein, in denen die*der Befragte laut der vorherigen Antwort nicht tätig war, so musste die Validität der Antworten infrage gestellt werden. Bei der Ermittlung der wahrgenommenen Mehrwerte wurde sich auf Kapitel 4.5 und die dort aus der Theorie abgeleiteten Mehrwerte bezogen. Da die Produktivitätssteigerung den wichtigsten Mehrwert darstellt, wurde durch eine zusätzliche Frage die Stärke der wahrgenommenen Produktivitätssteigerung ermittelt, sofern diese als Mehrwert gewählt wurde. Abschließend wurde erfragt, ob die Befragten eine Bedrohung ihres Berufes durch die rasche Entwicklung von GAI-Tools empfanden, da menschliche Tätigkeiten automatisiert werden könnte. Diese Einstellung gegenüber GAI-Tools konnte sich auf die Bereitschaft zur Nutzung und die Akzeptanz dieser Technologien auswirken und damit auch den Durchdringungsgrad beeinflussen.

5.3.3 Organisatorische Reife

Die organisatorische Reife bezieht sich auf die Art und Weise, wie Unternehmen auf das Auftreten von GAI reagieren und wie sie damit im Arbeitsalltag umgehen. Dies kann von klaren Regeln für die Nutzung bis hin zu einem vollständigen Verbot aufgrund zu großer Unsicherheit reichen. Zunächst wurde der Extremfall abgefragt, ob es im Unternehmen ein Verbot für den Einsatz von GAI-Tools gab. Ist dies der Fall, so entfielen einige Fragen aus der Umfrage. Dafür wurde unter diesen Umständen zusätzlich erfragt, wie die Befragten zu diesem Verbot standen. Ebenfalls wurde die Information erhoben, ob es im Unternehmen der Befragten Regelungen gab, die Rahmenbedingungen für den Einsatz von GAI-Tools geschaffen haben. Über diese Regelungen hinaus wurde erfragt, ob eine Organisationseinheit oder Task-Force existierte, die sich mit der Einführung von GAI-Tools befasst hat. Dies hätte auf einen hohen organisatorischen Reifegrad hingedeutet, da sich das Unternehmen aktiv mit der Einführung von GAI-Tools beschäftigt hat. Es ist davon auszugehen, dass die organisatorische Reife einen Einfluss auf den individuellen Einsatz von GAI-Tools und somit auf den Durchdringungsgrad hatte.

5.4 Zielgruppen

Die Grundgesamtheit bei dieser Datenerhebung bildeten Personen, die beruflich in unterschiedlichen Phasen des SDLC tätig waren. Dies umfasste Berufsgruppen wie Requirements Engineers, Designer*innen, Softwareentwickler*innen, Tester*innen oder DevOps Engineers. Aufgrund der signifikanten Größe der Grundgesamtheit war ersichtlich, dass eine Vollerhebung zeitlich als auch organisatorisch nicht realisierbar war. Aus diesem Grund erfolgte eine Teilerhebung, für die eine Stichprobe aus der Grundgesamtheit herangezogen wurde. Das Ziel bestand darin, mithilfe der in der Stichprobe gewonnenen Ergebnisse aussagekräftige Rückschlüsse auf die Grundgesamtheit zu ziehen. Die Repräsentativität der Stichprobe für die Grundgesamtheit stellte jedoch eine wesentliche Voraussetzung für die Anwendung dieses Verfahrens dar. Repräsentativität bedeutet, dass die Auswertungsergebnisse, die lediglich auf einer Stichprobe basieren, auf die Grundgesamtheit verallgemeinerbar sind. Dabei gilt der Grundsatz, je stärker die Stichprobe die Struktur der Grundgesamtheit widerspiegelt, desto größer ist die Repräsentativität. Dies kann durch eine zufällige Auswahl der Befragten erreicht werden, wobei jede Erhebungseinheit die gleiche Wahrscheinlichkeit besitzt, in die Stichprobe aufgenommen zu werden. Da jedoch nicht alle Personen der Grundgesamtheit zur Verfügung standen, konnte dies in dieser Arbeit nicht realisiert werden. Diese Problematik wird in Kapitel 5.5 genauer erläutert. Diesbezüglich gilt es jedoch zu erwähnen, dass die Notwendigkeit der Repräsentativität in der Literatur teilweise kritisch hinterfragt wird (Albers et al., 2009, S. 79–80).

Aus Zeit- und Ressourcengründen wurde im Rahmen dieser Arbeit ein nichtzufälliges Stichprobenverfahren verwendet. Dem Vorteil des geringeren Aufwandes stand dabei der Nachteil gegenüber, dass subjektive Aspekte bei der Auswahl der Erhebungseinheiten eine Rolle spielten. Die Genauigkeit der Ergebnisse war ebenfalls nicht klar abschätzbar, weil nicht berechnet werden konnte, mit welcher Wahrscheinlichkeit Erhebungseinheiten in die Auswahl aufgenommen wurden. Konkret erfolgte eine willkürliche Auswahl, wobei jene Personen aus der Grundgesamtheit befragt wurden, die einfach zu erreichen waren. Damit ist dies das zeit- und kostengünstigste Stichprobenverfahren (Albers et al., 2009, S. 80–83).

Der Zugang zum Fragebogen erfolgte über einen Link, der den Befragten entweder persönlich zugeschickt oder öffentlich zugänglich gemacht wurde. Über folgende Kanäle wurde der Link zur Umfrage verbreitet:

- Zusenden des Umfragelinks an Softwareunternehmen die über Google entdeckt wurden. Die meisten dieser Unternehmen haben einen Standort in Graz.
- Veröffentlichung des Umfragelinks auf LinkedIn.
- Verbreitung des Umfragelinks über E-Mail-Verteiler der FH-Joanneum.
- Zusenden des Umfragelinks an persönliche Kontakte, die in der Branche tätig sind, mit der Bitte, den Link weiterzuverbreiten.

5.5 Einschränkungen

Bei der Durchführung der Umfrage haben sich einige Einschränkungen aufgrund von Zeit- und Ressourcenmangel ergeben, die im Folgenden erläutert werden. Die größte Einschränkung ergab sich durch das bereits erwähnte nichtzufällige Stichprobenverfahren in Form einer willkürlichen Auswahl. Im Rahmen dieses Vorgehens wurde die Umfrage an Personen versendet, die einfach zu erreichen waren. Diese Vorgehensweise unterliegt jedoch subjektiven Aspekten, sodass sie im Gegensatz zu zufälligen Auswahlverfahren durch kein statistisches Ziehungsmodell nachgebildet werden kann. Darüber hinaus wird eine willkürliche Auswahl grundsätzlich als nicht repräsentativ für die Grundgesamtheit erachtet, da eine Übereinstimmung der Merkmalsverteilungen, wie beispielsweise Alter oder Geschlecht, zwischen der Stichprobe und der Grundgesamtheit nicht gewährleistet werden kann. Ein zufälliges Auswahlverfahren war nicht realisierbar, da es unmöglich war, zu gewährleisten, dass alle Elemente der Grundgesamtheit dieselbe Wahrscheinlichkeit hatten, in die Stichprobe aufgenommen zu werden. Andere nichtzufällige Auswahlverfahren, wie das Konzentrationsverfahren oder eine typische Auswahl, waren ebenfalls nicht möglich, da sich hierbei auf Merkmalsträger*innen konzentriert werden müsste, deren Antworten als besonders wichtig erachtet werden. Dazu zählen beispielsweise große Unternehmen mit einem bestimmten Mindestumsatzvolumen. Zu diesen war im Rahmen dieser Masterarbeit jedoch kein Zugang möglich. Trotz dieser Einschränkungen konnten durch das willkürliche Stichprobenverfahren viele unterschiedliche Merkmalsträger*innen in die Umfrage aufgenommen werden, wodurch differenzierte Ansichten auf die Thematik möglich wurden. Eine detaillierte Darstellung des Rücklaufs der Umfrage und der Zusammensetzung der Stichprobe erfolgt in Kapitel 6 (Albers et al., 2009, S. 80–85).

Eine weitere Einschränkung stellte die rasante Entwicklung von GAI-Technologien dar. Laufend werden neue Proof-of-Concepts in diesem Gebiet entwickelt, die neue Einsatzmöglichkeiten eröffnen (Sauvola et al., 2024, S. 1–3). Dies hat auch Auswirkungen auf den Einsatz von GAI in der Softwareentwicklung, da sich so regelmäßig neue Anwendungsmöglichkeiten und Mehrwerte ergeben. Die in dieser Arbeit erhobenen Daten stellen somit lediglich eine Momentaufnahme dar und können folglich nicht als dauerhaft gültig betrachtet werden. Es ist zu erwarten, dass sich die Einstellung in Bezug auf GAI in der Softwareentwicklung sowohl aus Unternehmensperspektive als auch aus der Perspektive einzelner Personen in Zukunft verändern wird.

6 Auswertung der Umfragedaten

In diesem Kapitel erfolgt die Auswertung der aus der Umfrage erhobenen Daten. Insgesamt wurden 189 Rückmeldungen auf die Umfrage gegeben, wovon bei 58 dieser Rückmeldungen der Fragebongen nur teilweise ausgefüllt wurde, wodurch diese nicht in die Auswertung miteinbezogen werden konnten. Von diesen 131 Antworten mussten keine manuell aussortiert werden, da die Qualität aller Antworten ausreichend war. Die gültigen 131 Rückmeldungen wurden zunächst deskripitv ausgewertet, um einen Überblick über die Daten zu erhalten. Anschließend erfolgte mithilfe induktiver Statistik die Überprüfung der im Kapitel 5.1 aufgestellten Hypothesen. Die Auswertung der Umfragedaten, Erstellung der Grafiken und Überprüfung der Hypothesen erfolgte mithilfe der Statistiksoftware SPSS von IBM, R und Excel von Microsoft.

6.1 Deskriptive Statistik

Zunächst wurden die erhobenen Daten deskriptiv ausgewertet, um einen Überblick über die Rückmeldungen der Stichprobe zu erhalten. Dabei wurde zunächst auf die demografischen Daten eingegangen, die den ersten Teil des Fragebogens gebildet haben. Anschließend sind die Daten zur Nutzung von GAI-Tools entlang des Software Development Life Cycle (SDLC) betrachtet worden. Abschließend erfolgte eine Ableitung des Durchdringungsgrades anhand der erhobenen Daten.

6.1.1 Demografische Daten

Hinsichtlich der Demografie und des beruflichen Umfelds wurden das Alter in Form von Altersgruppen, das Unternehmen, in dem die Befragten tätig waren, die Anzahl der Beschäftigten des Unternehmens, die Phase des SDLC, in der die Person tätig waren, und der Grad der Erfahrung im beruflichen Tätigkeitsfeld erfragt. In Bezug auf Altersgruppen konnte aus jeder Gruppe mindestens eine Person befragt werden, wobei sich in der Gruppe der unter 18-Jährigen nur eine Person befand. Die meisten Rückmeldungen kamen aus der Altersgruppe der 25- bis 34-Jährigen mit 49 (37,4 %), gefolgt von der Gruppe der 35- bis 44-Jährigen mit 35 (25,95 %) und den 45- bis 59-Jährigen mit 27 (20,61 %). Eine genaue Darstellung zeigt Abbildung 6.1.

In Bezug auf das berufliche Umfeld wurden Antworten aus 52 klar identifizierbaren unterschiedlichen Unternehmen abgegeben. Bei 27 Antworten war nicht klar zuordenbar, in welchem Unternehmen die jeweilige Person tätig war, da die Freitextantwort nicht eindeutig ausgefüllt oder leer gelassen wurde. Vier weitere Befragte gaben an, in keinem Unternehmen fest angestellt zu sein. Hinsichtlich der Unternehmensgröße zeigte sich, dass die größte Gruppe der Befragten mit 30 Rückmeldungen (22,9 %) in Kleinstunternehmen mit weniger als zehn Mitarbeiterinnen und Mitarbeitern tätig war. An zweiter Stelle folgten Unternehmen mit 11 bis 50 Angestellten mit 29 (22,14 %) Antworten. Fünfmal wurde bei der Frage nach der Unternehmensgröße keine Antwort

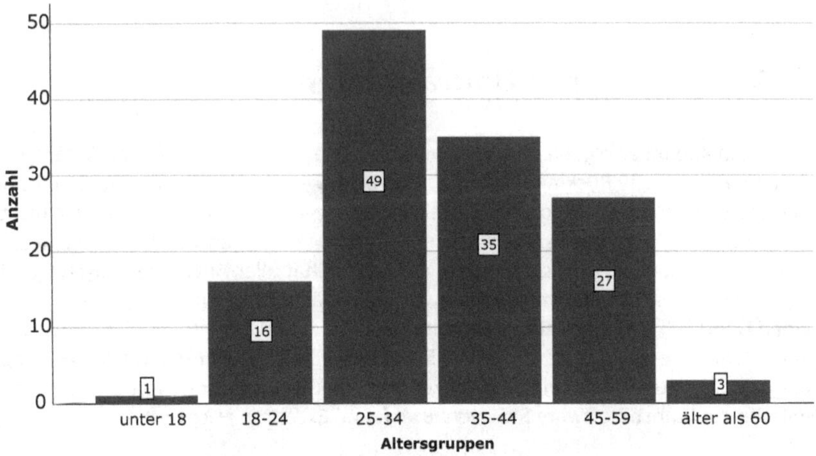

Abbildung 6.1: Anzahl befragter Personen je Altersgruppe.

abgegeben. Hierbei ist davon auszugehen, dass vier dieser Rückmeldungen von Befragten stammten, die in keinem Unternehmen tätig waren. Dies ließ sich daraus ableiten, dass im Fragebogen darauf verwiesen wurde, diese Antwort zu wählen, falls keine Tätigkeit in einem Unternehmen vorlag. Eine detaillierte Darstellung der Unternehmensgrößen findet sich in Abbildung 6.2.

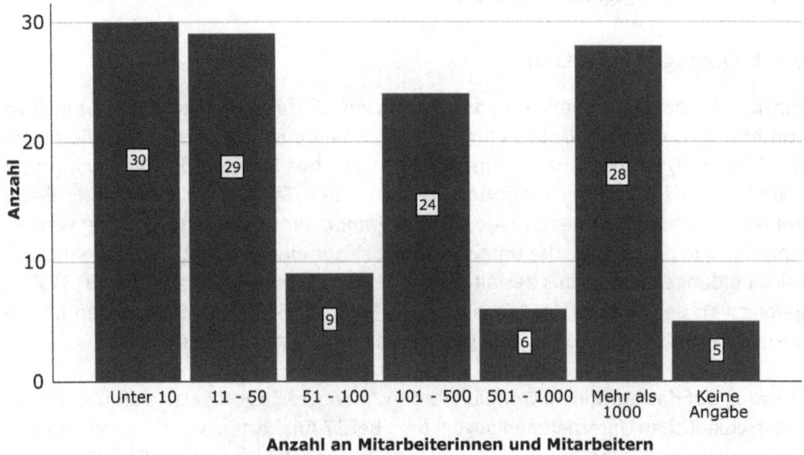

Abbildung 6.2: Anzahl an Rückmeldungen nach Unternehmensgröße.

Weitere Fragen zum Berufsfeld betrafen die Phasen des SDLC, in der die Befragten tätig waren, und das Erfahrungslevel der Befragten. In Bezug auf die SDLC-Phasen ist festzuhalten, dass eine Person in mehreren Phasen tätig sein konnte. Dementsprechend lag die Summe der Antworten bei mehr als 131. Die meisten Befragten waren demnach in der Entwicklungsphase tätig, was sich in 97 Antworten niederschlug. Bei den restlichen fünf Phasen befanden sich die Anzahl der Antworten zwischen 60 und 73, wodurch die Entwicklungsphase einen entsprechenden Ausreißer darstellte. Dies lässt sich in der Abbildung 6.3 nachvollziehen. Hinsichtlich des Erfahrungslevels zeigte sich, dass nicht alle Erfahrungsgruppen in der Umfrage gleichmäßig vertreten waren. 60 (45,8 %) der Befragten gaben an, sehr erfahren zu sein, was das höchste Erfahrungslevel im Rahmen der Umfrage darstellte. Diese stellte mit Abstand die größte Gruppe dar, wohingegen nur eine Person (0,8 %) angegeben hat, unerfahren zu sein, und nur 13 (9,9 %) Befragte ein mäßiges Erfahrungslevel aufweisen. In der Umfrage waren Personen mit einem geringen Erfahrungslevel unterrepräsentiert, was in Abbildung 6.4 zu erkennen ist.

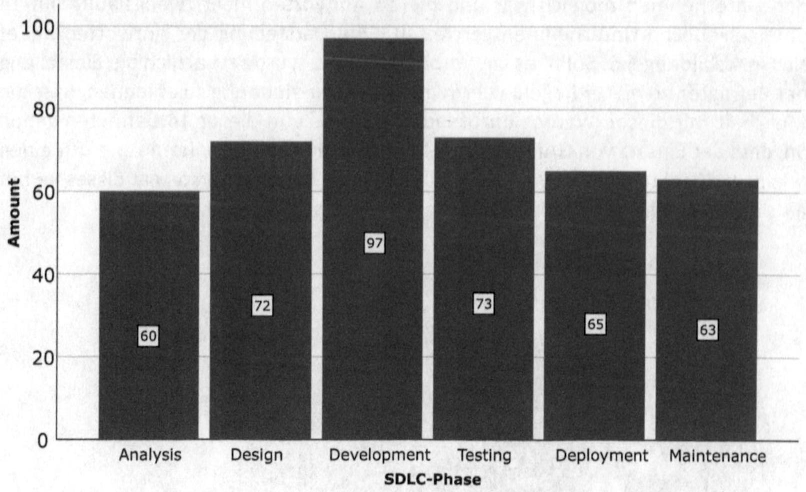

Abbildung 6.3: Anzahl an Rückmeldungen nach Tätigkeitsbereichen im SDLC.

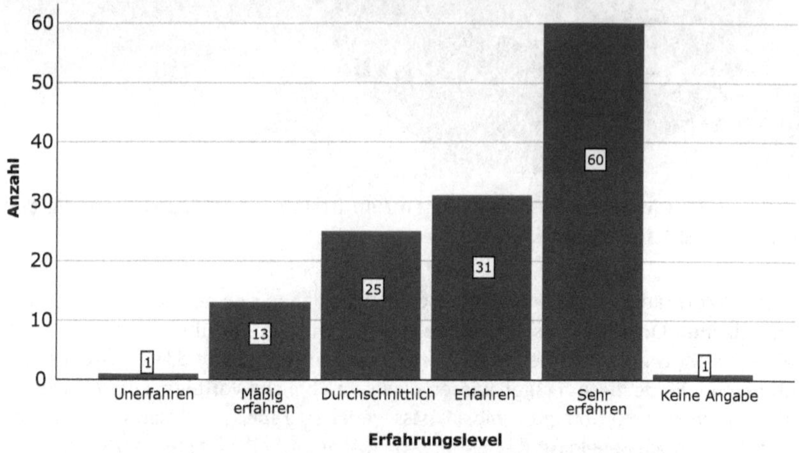

Abbildung 6.4: Anzahl an Rückmeldungen nach Erfahrungsleveln im Beruf.

6.1.2 Daten zum Einsatz von GAI

Im vorliegenden Kapitel erfolgt die Darstellung der Ergebnisse des Hauptteils des Fragebogens, welcher sich mit dem Einsatz von GAI entlang des SDLC befasst hat. Eine der wichtigsten Informationen war dabei, ob das jeweilige Unternehmen einen Einsatz von GAI am Arbeitsplatz grundsätzlich erlaubt hat. Es konnte festgestellt werden, dass der größte Teil der Unternehmen aus der Befragung den Einsatz von GAI erlaubten. Insgesamt haben lediglich 14 (9,36 %) Befragte angegeben, dass es Regeln gab, die den Einsatz von GAI am Arbeitsplatz verboten haben. Demgegenüber standen 99 (75,57 %) Personen, die angaben, dass diesbezüglich keine Regeln existierten. Es sei darauf hingewiesen, dass hier keine eindeutige Differenzierung zwischen den Unternehmen möglich war und die 14 Antworten nicht zwangsläufig auf 14 unterschiedliche Unternehmen verweisen. Eine Darstellung der Antworten findet sich in Abbildung 6.5. Sollte es ein Verbot geben, so wurde zusätzlich die Einstellung der Befragten zu dieser Regelung erfragt. Dabei war eindeutig zu erkennen, dass die Mehrheit mit diesem Verbot unzufrieden waren. Zehn dieser 14 Befragten gaben an, dass der Einsatz von GAI teilweise erlaubt werden sollte, während zwei für einen uneingeschränkten Einsatz von GAI plädierten. Eine befragte Person hat dieses Verbot als sinnvoll erachtete und eine stand dieser Regelung neutral gegenüber.

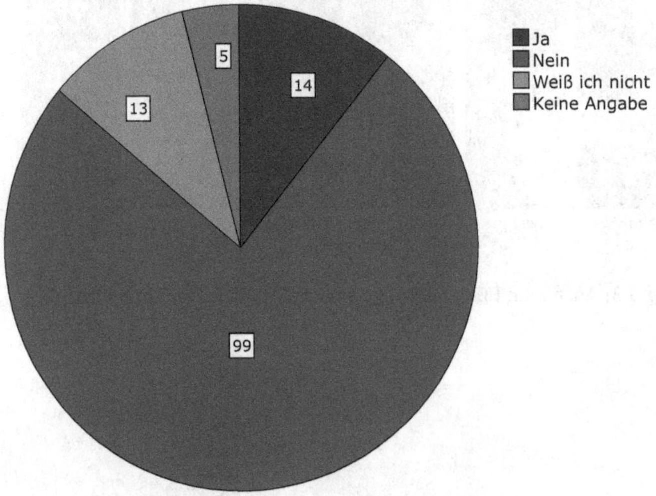

Abbildung 6.5: Anzahl an Rückmeldungen zum Bestehen von Regelungen, die den Einsatz von GAI am Arbeitsplatz verbieten.

Weitere Informationen zur organisatorischen Reife ließen sich den Daten zur Existenz einer eigenen Organisationseinheit, welche sich mit der Einführung von GAI-Tools befasst hat, sowie dem Vorliegen von Regeln für den Einsatz von GAI am Arbeitsplatz entnehmen. Beide dieser Fragen wiesen eine sehr ähnliche Verteilung der Antworten auf. Die Mehrheit der Befragten gab an, dass weder eine spezielle Organisationseinheit existiert hat, noch Regeln für den Einsatz von GAI am Arbeitsplatz bestanden. Im Falle der Organisationseinheit verneinten dies 68 (51,91 %) der Befragten und bei den Regeln waren es 71 (54,2 %). Nur ein relativ geringer Anteil hat angegeben, nicht über das Bestehen einer Organisationseinheit oder Regeln informiert zu sein, oder hat gar keine Antwort abgegeben. Dem ist zu entnehmen, dass, wenn derartige Maßnahmen existiert haben, diese an die Betroffenen auch kommuniziert wurden. Detaillierte Darstellungen der Antworten finden sich in den Abbildungen 6.6 und 6.7.

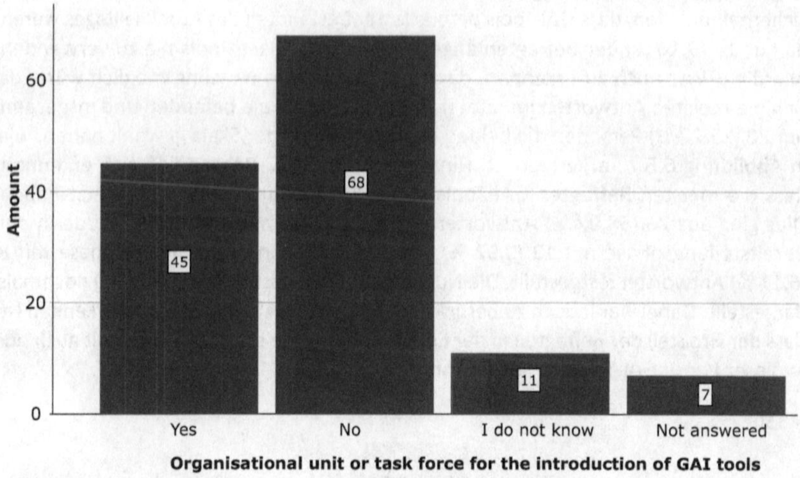

Abbildung 6.6: Anzahl an Rückmeldungen zum Bestehen einer Organisationseinheit oder Task-Force, die sich mit der Einführung von GAI-Tools im Unternehmen befasst.

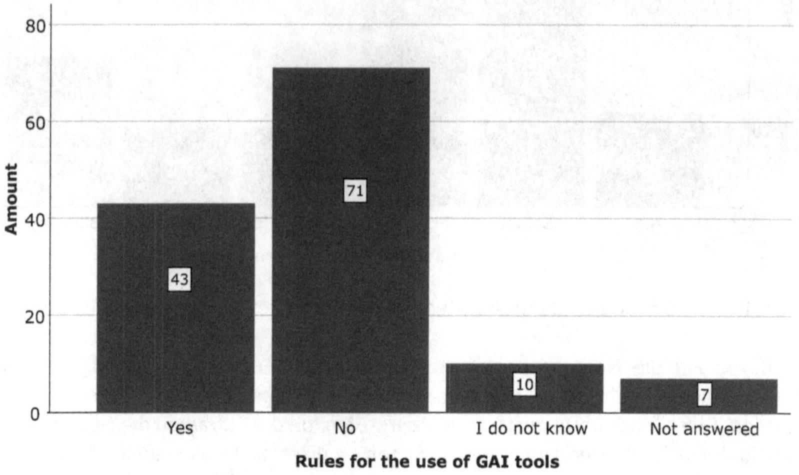

Abbildung 6.7: Anzahl an Rückmeldungen zum Bestehen von Regeln, die sich mit dem Einsatz von GAI-Tools befassen.

Neben der organisatorischen Reife wurde auch die individuelle Nutzung von GAI-Tools entlang des SDLC erfragt. Dafür wurde einerseits die Häufigkeit der Nutzung derartiger Tools und andererseits die Phase des SDLC, in der diese eingesetzt wurden, erfragt. Die Häufigkeit der Nutzung wurde lediglich übergreifend über alle Phasen mit einer einzigen Frage erhoben. Dies hätte tiefgehender untersucht werden können, indem die Frage für jede Phase separat gestellt worden wäre. Es ließ sich jedoch mit hinreichender Sicherheit ableiten, dass GAI-Tools bereits fester Bestandteil des Arbeitsalltages waren, da nur 12 (9,16 %) der Befragten angegeben haben, diese Tools nie zu verwenden. Allerdings war auch zu erkennen, dass eine intensivere Nutzung möglich wäre, da sich die meisten Antworten im mittleren Bereich der Skala befanden und insgesamt nur 20 (15,27 %) Personen die beiden höchsten Werte der Skala gewählt haben, wie in Abbildung 6.8 zu erkennen ist. Hinsichtlich der SDLC-Phasen ließ sich erkennen, dass die meisten Befragten GAI-Tools in der Entwicklungsphase eingesetzt haben. Dies ging aus 76 (58,02 %) Antworten hervor. Die geringste Nutzung wurde in der Bereitstellungsphase mit 13 (9,92 %) Antworten und in der Wartungsphase mit 8 (6,11 %) Antworten festgestellt. Die Nutzung pro Phase ist in Abbildung 6.9 nochmals dargestellt. Dabei war jedoch zu berücksichtigen, wie in Abbildung 6.3 zu erkennen ist, dass der Großteil der Befragten in der Entwicklungsphase tätig war und somit auch nur in dieser Phase GAI-Tools einsetzen konnte.

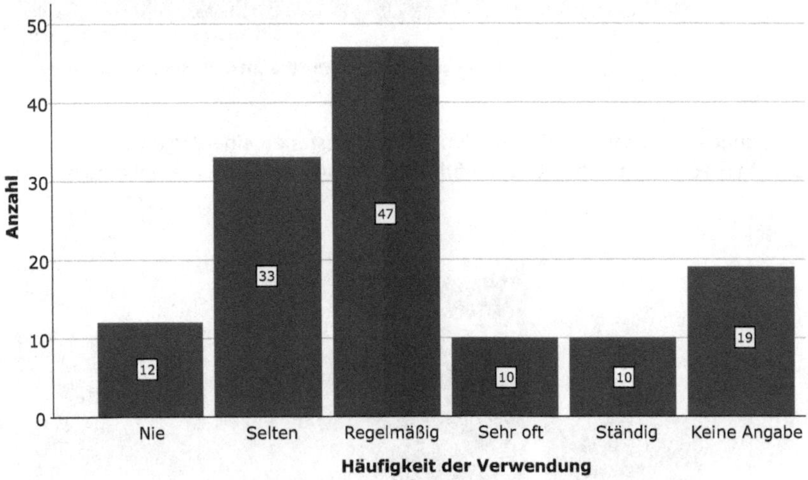

Abbildung 6.8: Anzahl der Antworten zur Häufigkeit der Nutzung von GAI-Tools.

In Bezug auf die Nutzung pro Phase wurde gegen Ende des Fragebogens eine Kontrollfrage gestellt, für welche Phasen die Befragten den Einsatz weiterempfehlen würden. Diese Frage hatte den Sinn zu überprüfen, ob die Befragten die Nutzung von GAI-Tools nur für Phasen empfehlen, in denen sie diese auch selbst genutzt haben. In 42 (32,06 %) Fällen wurde festgestellt, dass der Einsatz für Phasen weiterempfohlen wurde, in denen die befragte Person GAI-Tools selbst nicht genutzt haben. Die Ursachen hierfür können vielfältig sein. So ist es möglich, dass die Befragten die Frage nach dem eigenen Einsatz auf den beruflichen Kontext bezogen haben und die Empfehlung

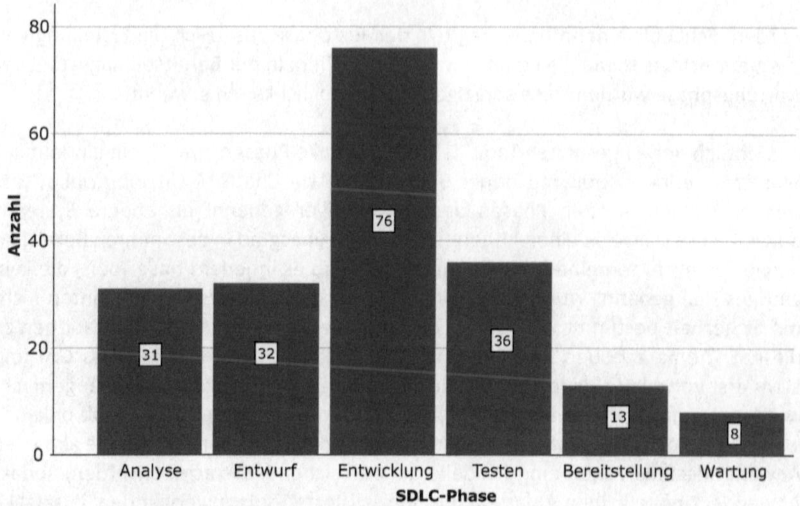

Abbildung 6.9: Anzahl der Rückmeldungen zum Einsatz von GAI-Tools in den verschiedenen Phasen des SDLC.

jedoch auch auf privaten Erfahrungen beruht hat. Dies bedeutet nicht zwangsläufig, dass die Antworten nicht korrekt ausgefüllt wurden, muss jedoch berücksichtigt werden.

Ein umfangreicher Teil des Fragebogens befasste sich mit einer detaillierten Betrachtung des Einsatzes von GAI in den einzelnen Phasen. Im Rahmen dessen wurde einerseits untersucht, wie GAI-Tools in den verschiedenen Phasen eingesetzt wurden, und andererseits, welche konkreten Tools zum Einsatz kamen. Die Antwortmöglichkeiten basierten in beiden Fällen auf den Erkenntnissen aus Kapitel 4. Aufgrund der Tatsache, dass GAI in einigen Phasen von der Stichprobe häufiger eingesetzt wurde als in anderen, schwankten auch die detaillierteren Antworten zu den Einsatzmöglichkeiten und Tools. Hinsichtlich der Einsatzmöglichkeiten stachen vor allem Aufgaben heraus, die einen Bezug zum Source Code aufwiesen. In der Entwicklungsphase wurden insbesondere die Code-Generierung, die Code-Vervollständigung sowie die Generierung von Grundstrukturen als relevante Einsatzmöglichkeiten identifiziert. Ähnliches war in der Testphase zu erkennen, wo die Unit-Test-Generierung und die Test-Input-Generierung am häufigsten gewählt wurden. In der Wartungsphase, die insgesamt weniger Antworten aufwies, wurde das Code-Refactoring im Verhältnis zu den anderen Einsatzmöglichkeiten am häufigsten gewählt. Ebenfalls ist zu erwähnen, dass die Antwortmöglichkeit der automatischen Reparaturen in dieser Phase die einzige Einsatzmöglichkeit war, die Null Antworten aufwies. Es wurden ebenfalls einige sonstige Einsatzmöglichkeiten genannt, welche die Befragten pro Phase individuell angeben konnten. Im Rahmen der Analyse-Phase wurde das Aufzeigen alternativer Perspektiven genannt. In der Entwurfsphase wurde die Überprüfung auf sicherheitsrelevanter Aspekte sowie die Recherche zusätzlicher Informationen hervorgehoben. Für die Entwicklungsphase ist das Optimieren und die Fehlersuche im Code sowie die Verwendung als Dokumentation für Libraries als wesentlich erachtet worden. Schließlich nannten Befragte in der Testphase zusätzlich die Erstellung von Integrationstests sowie die Erläuterung von Begriffen. In der Bereitstellungs- und der Wartungsphase wurden keine sonstigen Einsatzmöglichkeiten erwähnt.

Hinsichtlich der eingesetzten Tools ließ sich über alle Phasen hinweg ein eindeutiges Muster erkennen. Tools mit hoher Bekanntheit wie ChatGPT, GitHub Copilot und Gemini wurden in allen Phasen deutlich häufiger genannt als andere Systeme, obwohl diese teilweise einen höheren Spezialisierungsgrad in bestimmten Bereichen aufweisen als allgemeine Modelle. Außerdem gab es in jeder Phase Tools, die kein einziges mal genannt wurden. Die Ursachen für diese Unterschiede konnten nicht mit Sicherheit bestimmt werden, da die Umfrage keine weiteren Informationen zu diesem Thema erhoben hat. Ein möglicher Erklärungsansatz wäre, dass GAI und LLMs erst vor relativ kurzer Zeit für die allgemeine Öffentlichkeit verfügbar gemacht wurden. Dementsprechend sind bislang lediglich die umfangreichsten Tools bekannt, während kleinere sich erst etablieren müssen. Andererseits könnten für die aktuellen Anwendungsfälle allgemeine Modelle als ausreichend betrachtet werden, sodass Anwender*innen keinen Anlass sehen, spezialisierte Tools zu verwenden. Zusätzlich ließ sich erkennen, dass ChatGPT von OpenAI wesentlich häufiger Verwendung gefunden hat, als Gemini von Google, obwohl beide Modelle eine Vorreiterposition innehaben (Ozkaya, 2023, S. 4). Hinsichtlich sonstiger Tools, die von Befragten angegeben werden konnten, wurden bis auf in der Wartungsphase einige genannt. Häufig genannten Antworten waren storywise in der Analysephase, Llama in den Entwicklungs- und Testphase sowie Claude und Microsoft Copilot über alle Phasen hinweg. In Tabelle 6.1 sind die Rückmeldungen bezüglich Einsatzmöglichkeiten und Tools in einer übersichtlichen Form dargestellt.

In Bezug auf die Mehrwerte ließ sich eine ähnliche Tendenz wie in der Fachliteratur beobachten, wobei die Steigerung der Produktivität am häufigsten genannt wurde. Insgesamt haben 86 (65,65 %) Befragte angegeben, dass sie eine Produktivitätssteigerung durch den Einsatz von GAI-Tools wahrgenommen haben. Der zweithäufigste genannte Mehrwert war die vereinfachte Wissensaneignung, welche von 59 (45,04 %) Befragten als Vorteil empfunden wurde. An dritter Stelle wurde von 41 (31,3 %) Befragten eine Qualitätssteigerung genannt, während 29 (22,14 %) Befragte angaben, dass sich ihre Freude und Motivation an der Arbeit durch den Einsatz der Tools erhöht habe. Die entsprechende Verteilung ist in Abbildung 6.10 dargestellt. Des Weiteren wurden sonstige Mehrwerte genannt, darunter eine verbesserte Teamperformance, welche zu geringeren Kosten für Kunden führt, Experimentiermöglichkeiten, die Vermeidung von Routineaufgaben, eine schnellere Abarbeitung mühsamer Aufgaben sowie Validierungs- und Argumentationsmöglichkeiten. Des Weiteren wurde von mehreren Befragten explizit darauf hingewiesen, dass keine Mehrwerte durch den Einsatz von GAI entstehen, da fehlerhafte Ausgaben überprüft werden müssen. Dies lässt den Schluss zu, dass nicht alle Befragten mit der aktuellen Leistung von GAI zufrieden waren. Eine Untersuchung der Ursachen für die genannten Mehrwerte wurde jedoch nicht durchgeführt, sodass in diesem Zusammenhang auf die bestehende Literatur zurückgegriffen werden muss. Im Falle einer wahrnehmbaren Produktivitätssteigerung wurde zusätzlich erfragt, wie stark dieser Anstieg empfunden wurde. Von den 86

Phase des SDLC	Einsatzmöglichkeiten	Anzahl	Tools	Anzahl
Analyse	- Erstellung von Anforderungen	18	- ChatGPT	25
	- Spezifizierung von Anforderungen	19	- Gemini	5
	- Analyse von Anforderungen	16	- Atlassian Jira (mit Atlassian Intelligence)	3
	- Verifikation und Validierung von Anforderungen	15	- Aqua	0
			- Freehand AI	1
Entwurf	- Planung der Systemarchitektur	17	- ChatGPT	26
	- Planung des UI/UX-Designs	11	- Gemini	2
			- Figma KI	6
			- uizard	0
			- Canva	0
			- DALL-E	3
Entwicklung	- Code-Generierung	51	- ChatGPT	70
	- Code-Vervollständigung	46	- Gemini	8
	- Erstellen von Dokumentationen	26	- GitHub Copilot	38
	- Arbeiten mit bestehender Codebasis (z.B. Refactoring)	37	- Tabnine	2
	- Generierung von Grundstrukturen	43	- Amazon Q Developer	1
	- Übersetzung zwischen Programmiersprachen	31	- codeium	2
	- Rubber Ducking	17	- Mintlify	0
Testen	- Unit-Test-Generierung	20	- ChatGPT	27
	- Testoptimierung	14	- Gemini	4
	- Test-Input-Generierung	20	- GitHub Copilot	16
	- Analysen (z.B. von Bugs)	16	- Katalon	0
	- Leistungstest-Generierung	5	- Tricentis Tools	0
			- Eggplant Test	1
Bereitstellung	- Pipeline-Generierung	6	- ChatGPT	10
	- Code-Generierung von IaC	4	- Gemini	2
	- Deployment-Code Analysen	4	- GitHub Copilot	3
	- Fehlererkennung und Lösungsgenerierung	9	- Kubiya	1
			- PagerDuty	0
			- harness	0
Wartung	- Automatische Reparaturen	0	- ChatGPT	7
	- Leistungsverbesserung	5	- Gemini	2
	- Code-Refactoring	7	- Amazon CodeGuru	0
	- Systemüberwachung	1	- Snyk	0
	- System-Verständnis fördern	3	- dynatrace Davis KI	0
			- Figstack	0

Tabelle 6.1: Rückmeldungen zu GAI Einsatzmöglichkeiten und Tools in den verschiedenen Phasen des SDLC.

(65,65 %) Personen, die eine Produktivitätssteigerung wahrgenommen haben, haben 76 (58,02 %) die Frage beantwortet, wie stark dieser Anstieg empfunden wurde. Befragte, die keine Produktivitätssteigerung feststellen konnten, wurde diese Frage nicht gestellt. Die Mehrheit der Antworten lag bei den niedrigsten drei Werten der Skala. Dabei wurde eine moderate Verbesserung mit 30 (22,9 %) Antworten am häufigsten gewählt. Die genaue Verteilung der Antworten ist in Abbildung 6.11 zu sehen.

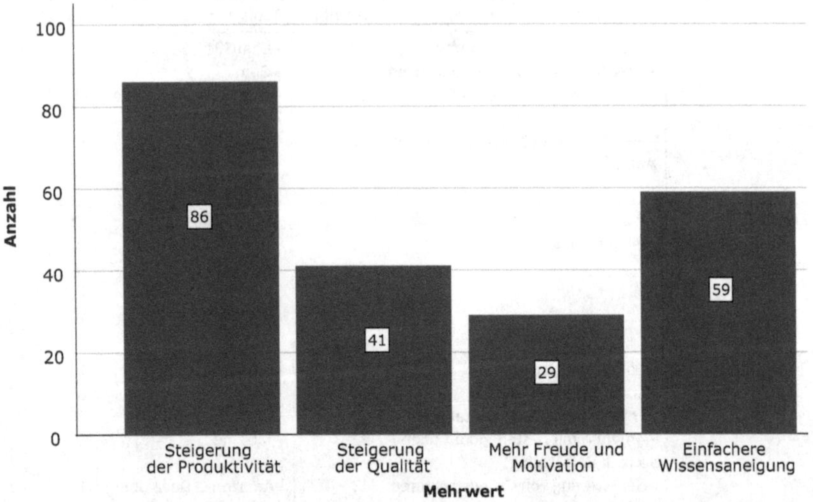

Abbildung 6.10: Anzahl der Rückmeldungen zu den wahrgenommenen Mehrwerten durch den Einsatz von GAI-Tools.

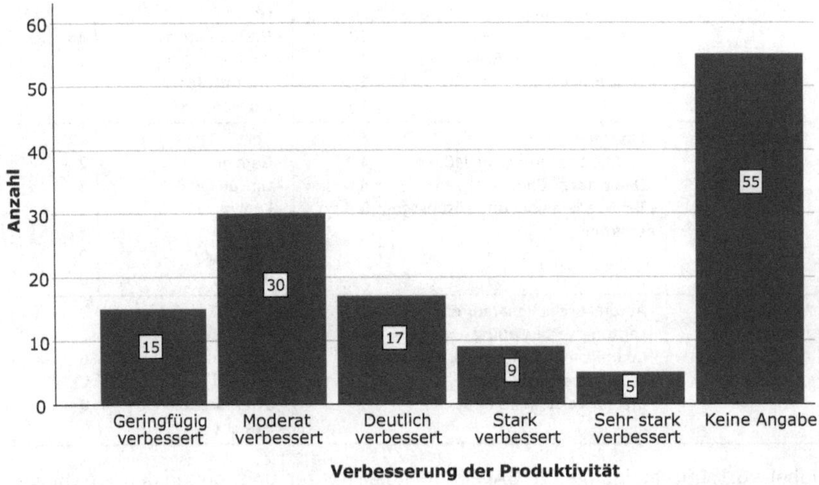

Abbildung 6.11: Anzahl der Rückmeldungen zum Anstieg der Produktivität durch den Einsatz von GAI-Tools.

Abschließend wurde als Blick in die Zukunft eruiert, ob sich die Befragten durch die zunehmende Verbreitung von GAI-Tools in ihrer Arbeit bedroht fühlten. Dabei ließ sich ganz klar erkennen, dass keine Bedrohung empfunden wurde und GAI lediglich als unterstützend wahrgenommen wurde. Insgesamt gaben nur drei Personen an, dass sie sich durch die Verbreitung von GAI bedroht fühlten, wie in Abbildung 6.12 zu erkennen ist. Zwei dieser Personen gaben an, über ein durchschnittliches Erfahrungslevel zu verfügen, während die dritte Person angab, erfahren zu sein. Es besteht die Möglichkeit, dass das jeweilige Erfahrungslevel Einfluss auf die empfundene Bedrohung durch die Fähigkeiten von GAI genommen hat. Zudem könnte ein Grad an Verleugnung bei dieser Frage eine Rolle spielen, da nur Personen befragt wurden, auf die sich diese Bedrohung auswirken würde und diese Personen die Bedrohung nicht wahrhaben wollten.

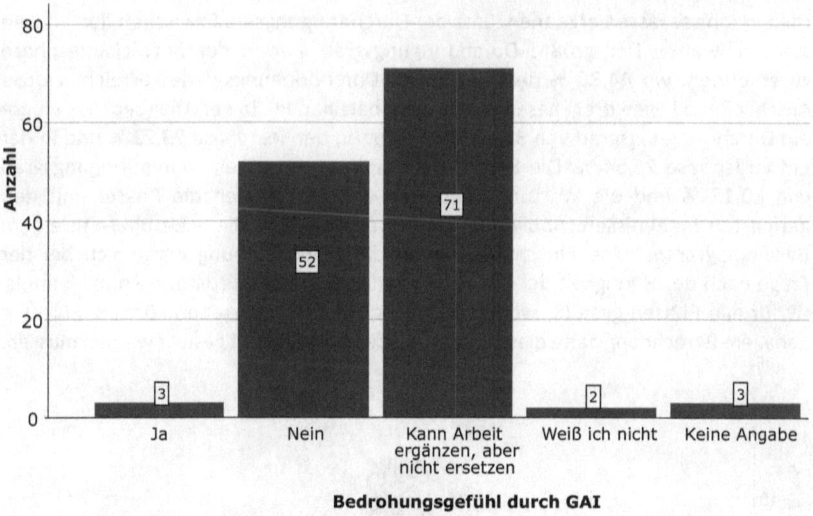

Abbildung 6.12: Anzahl der Rückmeldungen zur beruflichen Bedrohung durch die zunehmende Verbreitung von GAI-Tools.

Zur Ermittlung eines Durchdringungsgrads (D) von GAI in der Softwarebranche wurde eine Formel entwickelt, welche den Durchdringungsgrad in eine Zahl überführt. Die Ergebnisse dieser Formel dienen zur Beantwortung der Forschungsfrage F2. Die Zahl wird für jede SDLC-Phase einzeln berechnet und liefert ein Ergebnis zwischen null und 100 %, was den größtmöglichen Durchdringungsgrad darstellt. Herangezogen wurden dafür die Antworten, in welchen SDLC-Phasen die Befragten tätig waren, in welchen Phasen GAI-Tools eingesetzt wurden sowie die Häufigkeit der Verwendung dieser Tools. Im ersten Schritt wurden alle Befragten aussortiert, die keine Angabe zur Häufigkeit der Verwendung abgegeben haben, da so keine Berechnung des Durchdringungsgrades möglich war. Die Tätigkeit und die Verwendung pro Phase (V) konnten binär kodiert werden, wobei der Wert eins einer Verwendung von GAI und der Wert null einer Nichtverwendung entsprach. Eins bedeutet dabei, dass die*der Befragte in der Phase tätig war bzw. GAI-Tools eingesetzt hat, und Null, dass keine Tätigkeit in der Phase vorliegt bzw. keine GAI-Tools in der Phase eingesetzt wurden. Die Häufigkeit der Verwendung (H) wurde auf einer fünfstufigen, ordinalen Skala erhoben und entsprechend bewertet. Hierbei wurde Null vergeben, wenn GAI nie verwendet wurde, eins bei seltener, zwei bei regelmäßiger, drei bei sehr häufiger und vier bei ständiger Verwendung. Zusätzlich wurde in der Formel ein maximaler Durchdringungsgrad in der Phase (D_{max}) verwendet. Dieser ergibt sich aus der Anzahl der Befragten, die in der jeweiligen Phase tätig waren, multipliziert mit dem Wert vier, was einer ständigen Verwendung von GAI-Tools entspricht. Somit entspricht dies der maximalen Verwendung von GAI in der jeweiligen Phase. Die Formel zur Berechnung des Durchdringungsgrades lautete somit:

$$D = \frac{\sum_{n=1}^{N} V_n * H_n}{D_{\text{max}}} * 100$$

Die Ergebnisse lassen erkennen, dass der Durchdringungsgrad zwischen den Phasen stark schwankt. Der größte Durchdringungsgrad war in der Entwicklungsphase zu erkennen, wo 44,35 % des maximalen Durchdringungsgrades erreicht wurde. Anschließend liegen drei Phasen relativ dicht beieinander. In der Analysephase wurde ein Durchdringungsgrad von 33,49 % erreicht, in der Testphase 29,23 % und in der Entwurfsphase 26,54 %. Die Bereitstellungsphase mit einem Durchdringungsgrad von 10,17 % und die Wartungsphase mit 7,76 % bildeten die Phasen mit den geringsten Ergebnissen. Abbildung 6.13 veranschaulicht diese Resultate in einem Balkendiagramm. Eine Einschränkung bei dieser Berechnung ergab sich bei der Frage nach der Häufigkeit der Verwendung. Diese Frage wurde nur einmal kumulativ für alle Phasen gestellt, wodurch Ungenauigkeiten entstehen können. Für eine genauere Berechnung hätte diese Frage für jede Phase separat gestellt werden müssen.

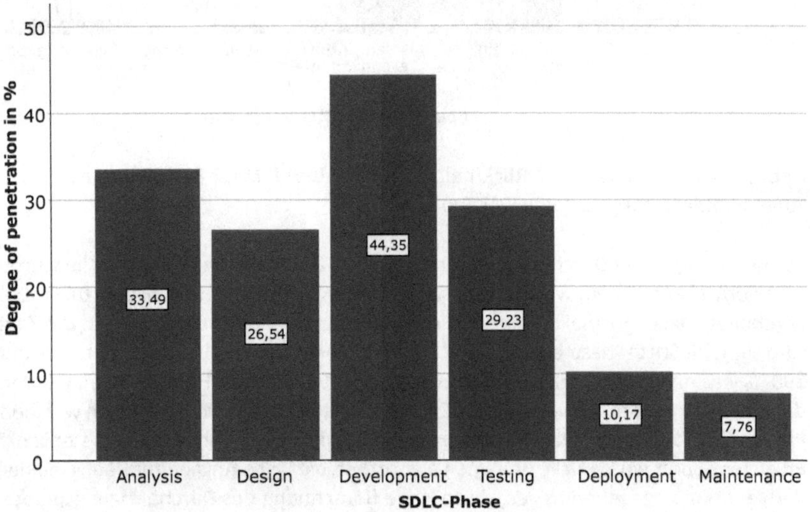

Abbildung 6.13: Verteilung der errechneten Durchdringungsgrade.

6.2 Induktive Statistik

In diesem Kapitel werden die in Kapitel 5.1 aufgestellten Hypothesen herangezogen, mit den Ergebnissen aus der Umfrage verglichen und auf ihre Signifikanz überprüft. Pro Hypothese wurde ein entsprechender Signifikanztest durchgeführt, um die Nullhypothesen zu prüfen und Erkenntnisse aus der Stichprobe auf die Grundgesamtheit zu übertragen. Als Signifikanzniveau wurde für alle Tests der Wert 0,05 gewählt, der sich als übliche Konvention herausgebildet hat. War der p-Wert der Tests kleiner oder gleich dem Signifikanzniveau, so wurde die Nullhypothese als falsifiziert abgelehnt und die Gültigkeit der Alternativhypothese angenommen (Töpfer, 2012, S. 304–308).

6.2.1 H1 Signifikanztest

H1: Je größer das Unternehmen, desto häufiger gibt es Regelungen und Organisationseinheiten, die sich mit dem Einsatz von GAI-Tools befassen.

Im Rahmen dieser Hypothesen wurden zwei unterschiedliche Zusammenhänge einer empirischen Überprüfung unterzogen. Einerseits wurde überprüft, ob es einen Zusammenhang zwischen der Unternehmensgröße und dem Bestehen von Regelungen zum Einsatz von GAI-Tools gab. Andererseits wurde überprüft, ob ein Zusammenhang zwischen der Unternehmensgröße und dem Bestehen einer Organisationseinheit oder Task-Force, die sich mit der Einführung von GAI-Tools befasst, existiert hat. Für beide der genannten Fälle wurde ein separater „Cochran–Armitage test for trend" (Agresti, 2012, S. 178–179) durchgeführt, um die Hypothese zu überprüfen.

Im Rahmen des ersten Tests wurden die Daten zur Anzahl der Mitarbeiter*innen, die ordinal skaliert waren, sowie die Daten zur Existenz von Regelungen zum Einsatz von GAI-Tools als Input herangezogen. Die Daten zur Existenz von Regelungen wurden in ein binäres Format transformiert, indem die Rückmeldungen mit der Antwort „Weiß ich nicht" entfernt wurden, wodurch lediglich die Optionen „Ja" und „Nein" verblieben sind. In diesem Fall lieferte der Test einen p-Wert < 0,01, was bedeutet, dass die Nullhypothese abgelehnt wurde.

Die Daten zur Anzahl der Mitarbeiter*innen sowie die Daten zum Bestehen einer Organisationseinheit dienten als Input für den zweiten Test. Analog zum ersten Test mussten die Daten zur Existenz einer Organisationseinheit in ein binäres Format überführt werden. Auch in diesem Fall lieferte der Test einen p-Wert < 0,01, was eine Ablehnung der Nullhypothese bedeutet. Da in beiden Fällen der p-Wert < 0,01 ist, konnte die gesamte Nullhypothese falsifiziert und die Alternativhypothesen angenommen werden.

6.2.2 H2 Signifikanztest

H2: Je unerfahrener die Person in ihrem Berufsfeld ist, desto häufiger werden GAI-Tools eingesetzt.

Zur Überprüfung dieser Hypothese wurde die „Spearman-Korrelation" (Kanji, 2006, S. 109) als Signifikanztest herangezogen. Als Input dienten hier die Daten zum Erfahrungslevel der Befragten, sowie die Daten zur Häufigkeit der Nutzung von GAI-Tools, welche beide ordinal skaliert waren. Der Test lieferte einen p-Wert von 0,134 und einen Korrelationskoeffizient von 0,142. Dies bedeutet, dass innerhalb der Stichprobe eine leichte positive Korrelation besteht, diese jedoch nicht auf die Grundgesamtheit übertragen werden konnte, da der p-Wert 0,134 > 0,05 ist. Somit wird die Nullhypothese beibehalten.

6.2.3 H3 Signifikanztest

H3: GAI-Tools werden in den Phasen des SDLC unterschiedlich oft eingesetzt.

Bei der Überprüfung dieser Hypothese bestand die Herausforderung, dass der Großteil der Befragten in der Entwicklungsphase tätig war. Dadurch kommt in der Stichprobe tendenziell eine höhere Nutzung von GAI-Tools in dieser Phase zustande. Um diese Herausforderung zu bewältigen, wurden für jede Phase die Anteile errechnet, wie viele der Befragten, die in der Phase tätig sind, GAI-Tools einsetzen. Rückmeldungen, bei denen keine Angabe bei den Fragen abgegeben wurden, die zur Berechnung der Anteile notwendig waren, wurden aussortiert. Betrachtet man beispielsweise die Analysephase, so gaben nach der Aussortierung 53 Personen an, in der Phase tätig zu sein, wovon 26 GAI-Tools in der Phase eingesetzt haben. Dividiert man anschließend die Anzahl an Personen, die GAI-Tools verwendet haben, durch die Anzahl aller Personen, die in der Phase tätig waren, so ergibt sich die benötigte Proportion. In Tabelle 6.2 sind die Proportionen für jede Phase dargestellt.

Phase	Proportionen in %
Analyse	49,06
Entwurf	34,84
Entwicklung	79,31
Testen	37,88
Bereitstellung	19,67
Wartung	10,17

Tabelle 6.2: GAI-Nutzungsanteile je Phase.

Diese Anteile wurden anschließend in einem „6-sample test for equality of proportions" verwendet, dem ein „Chi-Quadrat-Test" (Hogg und Tanis, 2001, S. 415–424) zugrunde liegt. Die Durchführung des Tests resultierte in einem p-Wert < 0,01, wodurch die Nullhypothese falsifiziert und die Alternativhypothese angenommen wurde. Dieses Resultat besagt jedoch nur, dass die Häufigkeit der Nutzung von GAI-Tools in den diversen Phasen unterschiedlich ist. Wird dies in Kombination mit den Anteilen in Tabelle 6.2 betrachtet, kann dies ein Indiz dafür sein, dass GAI-Tools auch in der Grundgesamtheit am häufigsten in der Entwicklungsphase zum Einsatz kamen. Diese Vermutung wurde jedoch nicht mathematisch bewiesen.

6.2.4 H4 Signifikanztest

H4: Verschiedene Mehrwerte, die durch den Einsatz von GAI entstehen, werden unterschiedlich oft wahrgenommen.

Die Überprüfung dieser Hypothese erfolgte, ebenso wie bei H3, mithilfe eines „Chi-Quadrat-Tests" (Hogg und Tanis, 2001, S. 415–424). Als Input dienten lediglich die Daten zu den wahrgenommenen Mehrwerten, die durch den Einsatz von GAI-Tools generiert wurden, welche binär sind. Der Test lieferte einen p-Wert < 0,01, was bedeutet, dass die Nullhypothese verworfen wird und die Mehrwerte verschieden oft wahrgenommen werden. In der Fachliteratur wird jedoch die Produktivitätssteigerung als häufigster Mehrwert genannt, was aus dieser Hypothese allein nicht abgeleitet werden konnte. Bei Betrachtung der Ergebnisse dieser Hypothese in Verbindung mit der Verteilung der Antworten in Abbildung 6.10 wird ersichtlich, dass die Produktivitätssteigerung tatsächlich am häufigsten genannt wurde. Dies ließ den Schluss zu, dass die Steigerung der Produktivität auch der am häufigsten wahrgenommene Mehrwert der Grundgesamtheit war, auch wenn dies nicht mathematisch bewiesen wurde.

6.2.5 H5 Signifikanztest

H5: Je intensiver GAI-Tools eingesetzt werden, desto produktiver ist die Softwareentwicklung.

Um diese Hypothese zu überprüfen, wurde wie bei H2 ein „Spearman-Korrelationstest" (Kanji, 2006, S. 109) durchgeführt. In diesem Fall wurden die Daten zur Häufigkeit der Nutzung von GAI-Tools und die Daten zur Produktivitätssteigerung als Variablen herangezogen, welche beide ordinal skaliert waren. Als Ergebnis liefert der Test einen p-Wert < 0,01 und einen Korrelationskoeffizienten von 0,530. Dies bedeutet, dass eine starke positive Korrelation zwischen den beiden Variablen besteht, die ebenfalls als signifikant für die Grundgesamtheit angesehen werden kann. Somit wird die Nullhypothese verworfen und die Alternativhypothese angenommen.

7 Nutzungsempfehlungen

Wie aus der Theorie und den praktischen Daten hervorgeht, wird GAI in der Softwareentwicklung bereits umfangreich eingesetzt. Um diesen Einsatz erfolgreich zu gestalten, soll dieses Kapitel Antworten zu der Forschungsfrage F1 liefern, welche Nutzungsempfehlungen sich zum Einsatz von GAI zur Unterstützung des Softwareentwicklungsprozesses ergeben. Diese Empfehlungen richten sich sowohl an Unternehmen aus der Softwarebranche, als auch an einzelne Entwickler*innen, um auf diese neue Technologie vorbereitet zu sein. Aus der Theorie und den gesammelten Daten konnten dazu Erkenntnisse gewonnen werden, die in diesem Kapitel zusammengefasst werden. Folgende Nutzungsempfehlungen ergeben sich für den Einsatz von GAI entlang des SDLC:

- **Allgemeines Verständnis zu GAI fördern:** Mehrwerte, wie die Steigerung der Produktivität, sind für Anwender*innen unmittelbar ersichtlich. In Verbindung mit GAI sind jedoch eine Vielzahl weiterer Aspekte zu berücksichtigen, denen sich Anwender*innen bewusst sein sollten. Dazu zählen insbesondere aktuell bestehende Herausforderungen wie Halluzinationen, Biases oder Copyright-Verletzungen, aber auch weitere Aspekte wie aktuelle Entwicklungen oder veränderte Anforderungen an Anwender*innen. Dies ist notwendig, um bei einem sich so schnell entwickelnden Bereich wie GAI auf dem neusten Stand zu bleiben. Im Rahmen von Unternehmen können dazu Schulungen oder Workshops abgehalten werden, um das Bewusstsein für diese Aspekte zu fördern.

- **Maßnahmen zur Akzeptanzförderung:** Aus Kapitel 4.5 sowie den empirischen Daten der Umfrage lässt sich ableiten, dass der Einsatz von GAI in der Softwareentwicklung zu einer Generierung wesentlicher Mehrwerte führen kann. Um diese Mehrwerte zu nutzen, ist es jedoch erforderlich, dass die Anwender*innen bereit sind, GAI in ihren Arbeitsalltag zu integrieren. Im Zusammenhang damit müssen die Betroffenen auch veränderten Anforderungen akzeptieren, die durch den Einsatz von GAI an sie gestellt werden, wie in Kapitel 4.4 erörtert wurde. Aus den Umfragedaten geht hervor, dass die Mehrheit der Betroffenen GAI bereits nutzt, während ein Großteil derjenigen, denen der Einsatz verboten wurde, gegen dieses Verbot ist. Daher kann angenommen werden, dass die Mehrheit der Anwender*innen GAI bereits akzeptieren. Ein Zwang zum Einsatz dieser Tools sollte nicht gefordert werden, jedoch ist es im besten Interesse aller, wenn sie von so vielen Personen wie möglich genutzt werden, um die potenziellen Vorteile auszuschöpfen. Die Akzeptanz kann durch Schulungen oder Workshops mit Expertinnen und Experten gefördert werden.

- **Passende Tools auswählen:** In Kapitel 4.3 ist ersichtlich, dass es eine Vielzahl unterschiedlicher GAI-Tools gibt, die in der Softwareentwicklung eingesetzt werden können. Bei diesen vielen Alternativen muss die Wahl der passenden Tools sorgfältig geplant und auf die individuellen Bedürfnisse abgestimmt werden. LLMs, die auf sehr breiten Datensätzen trainiert wurden, bieten eine gute Einstiegsmöglichkeit, um mit GAI vertraut zu werden. Sie stellen ein sehr großes Einsatzspektrum bereit und können mit gezieltem Prompt Engineering vielversprechende Ergebnisse erzielen. In spezialisierten Fällen können auch spezialisierte Modelle, wie GitHub Copilot, eingesetzt werden, die auf bestimmte Anwendungsfälle, wie beispielsweise die Codegenerierung, zugeschnitten sind. Vor der Auswahl müssen entsprechende Vorbereitungen stattfinden, wie das Feststellen von Anforderungen an das Tool oder eine Evaluierung der zur Verfügung stehenden Ressourcen (Russo, 2024, S. 40). Dabei sollten jedoch nicht nur allgemeine Faktoren wie Kosten und Funktionsumfang berücksichtigt werden, sondern auch GAI-spezifische Aspekte. Als Beispiel kann hier die Speicherung von Inputs und deren Verwendung für weitere Trainingszwecke angeführt werden, was insbesondere für hochsensible Daten kritisch ist. Zur Auswahl passender Modelle können anschließend klassische Entscheidungsmethoden verwendet werden, wie eine Nutzwertanalyse (Kühnapfel, 2014, S. 1–3) oder SWOT-Analyse (Sammut-Bonnici und Galea, 2015, S. 1).

- **Tools testen:** Nach der Auswahl eines geeigneten Tools ist eine ausgiebige Testphase zu empfehlen, bevor es in den Arbeitsalltag integriert wird. Dies kann in Form von Pilotprojekten geschehen, wobei ein kleiner Teil aller Projekte ausgewählt wird, um das Tool daran zu testen. Es sollte darauf geachtet werden, welche Auswirkungen der Einsatz des Tools auf die Projekte hinsichtlich Entwicklungszeit, Qualität oder Nutzerzufriedenheit hat (Russo, 2024, S. 39). Auch andere Aspekte können berücksichtigt werden, die je nach Unternehmen oder individuellen Bedürfnissen unterschiedlich sein können.

- **Tool-spezifische Ausbildung:** Zunächst ist es erforderlich, dass jene Personen eine Ausbildung erhalten, die in den Pilotenprojekten mit den neuen Tools arbeiten. Sollten sich die neuen Lösungen bewähren, kann die Ausbildung auf weitere Personen ausgeweitet werden. Das Ziel besteht darin, sich mit dem neuen Tool vertraut zu machen und dessen volles Potenzial auszuschöpfen (Russo, 2024, S. 39). Die in den Pilotprojekten involvierten Anwender*innen können beim Rollout auf weitere Unternehmensbereiche unterstützend tätig sein, da sie bereits Erfahrungen mit der Lösung sammeln konnten. Zu Beginn des Einsatzes neuer Tools ist es von entscheidender Bedeutung, dass Fehler nicht bestraft werden, um den Lernprozess zu fördern und eine hohe Akzeptanz zu erreichen. Andernfalls könnte die Nutzung mit Unsicherheit und Angst verbunden werden, was dazu führen kann, dass das Tool keine Anwendung findet. Ebenfalls sollte Feedback eingeholt werden, um die Trainingsmaterialien und -methoden zu verbessern (Russo, 2024, S. 40). Schulungen, Workshops oder Peer-to-Peer-Trainings sind gute Ansätze, um nötige Kenntnisse und Fähigkeiten zu vermitteln.

- **Feedback-Loops:** Die Etablierung von Feedback-Loops stellt insbesondere im unternehmerischen Kontext eine wesentliche Maßnahme zur Erfassung des Stimmungsbildes der Anwender*innen dar. Dieses Feedback kann auf unterschiedliche Aspekte Bezug nehmen, wie die Leistung des Tools, aktuelle Herausforderungen oder Verbesserungsvorschläge. Im Anschluss kann das Feedback für iterative Verbesserungen und Anpassungen genutzt werden, wodurch eine kontinuierliche

Anpassung der GAI-Tools an veränderte Rahmenbedingungen gewährleistet wird (Russo, 2024, S. 39). Die Einholung von Feedback kann über unterschiedliche Kanäle erfolgen und sollte in jedem Fall ernst genommen werden.

- **Zusammenarbeit mit Anbietern von AI-Tools:** Um die bestmögliche Unterstützung bei der Nutzung von GAI zu gewährleisten, ist eine Zusammenarbeit mit den Anbietern von AI-Tools empfehlenswert. Daher ist es für Unternehmen von Vorteil, Geschäftsbeziehungen zu Anbietern von GAI-Tools aufzubauen. Dies ermöglicht es, praktische Schulungen in Kooperation mit den Anbietern durchzuführen, um das volle Potenzial der Tools auszuschöpfen (Russo, 2024, S. 40). Zudem kann dadurch schnell auf aktuelle Entwicklungen und Veränderungen reagiert werden, was in einem sich so schnell entwickelnden Bereich wie GAI von entscheidender Bedeutung ist.

- **Prompt-Engineering Ausbildung:** Wie in Kapitel 3.5 erörtert, stellt die Erstellung von Prompts einen entscheidenden Faktor dar, um hochwertige Outputs von LLMs zu erhalten. Adäquates Prompt Engineering ermöglicht es, LLMs an spezifische Anforderungen anzupassen, umfassendere Aufgaben zu bewältigen sowie die Leistung des Modells zu verbessern. Um diese Vorteile zu nutzen, ist es erforderlich, dass Anwender*innen in der Erstellung von Prompts geschult werden und unterschiedliche Techniken des Prompt Engineerings erlernen. Der Erwerb dieser Fähigkeiten kann durch Schulungen oder Workshops erfolgen.

- **Fokus auf andere Aufgaben in der Softwareentwicklung richten:** Die Integration von GAI in den Softwareentwicklungsprozess führt zu veränderten Aufgaben und Anforderungen an die in diesem Prozess involvierten Personen, wie in Kapitel 4.4 dargelegt wurde. Unternehmen müssen auf diese Veränderungen reagieren und ihre Mitarbeiter*innen entsprechend vorbereiten. So werden repetitive Programmieraufgaben, wie etwa die Erstellung von Low-Level-Code, zunehmend von GAI übernommen. Dies führt jedoch nicht dazu, dass die Fähigkeiten, Code zu verstehen, zu modifizieren und Fehler zu beheben, ihre Relevanz verlieren. Es rücken lediglich andere Aufgaben in den Vordergrund, auf die betroffene Personen vorbereitet werden müssen. So wird das Testen und Validieren von Code zukünftig eine größere Bedeutung einnehmen, da die Qualität des generierten Codes überprüft werden muss. Diese veränderten Arbeitsabläufe betreffen sowohl erfahrene Entwickler*innen als auch Neueinsteiger*innen. Eine Umstellung auf die neuen Anforderungen kann durch Schulungen oder regelmäßige Workshops erfolgen.

- **Fine-Tuning von LLMs:** Wie bereits erörtert, existiert bereits eine Vielzahl vortrainierter LLMs, die ein breites Spektrum an Einsatzmöglichkeiten in der Softwareentwicklung abdecken. Durch gezieltes Prompt Engineering können die Fähigkeiten dieser Modelle noch weiter optimiert werden, allerdings stößt diese Methode irgendwann an ihre Grenzen. Um ein bestehendes LLM noch besser an die eigenen Bedürfnisse anzupassen, ist ein Fine-Tuning des Modells durch Transfer Learning möglich. Dazu sind eigene, aufgabenbezogene Datensätze notwendig, um das LLM auf die spezifischen Anforderungen zu trainieren. Durch diese Methode können die Fähigkeiten des Modells für spezifische Aufgaben wesentlich verbessert werden (Naveed et al., 2023, S. 6–7).

8 Fazit

GAIs und insbesondere LLMs haben sich als sehr vielversprechende Unterkategorien von AI und Deep Learning seit den 1950er Jahren entwickelt. Die beeindruckenden Fähigkeiten, welche GAI-Modelle in jüngster Vergangenheit erzielt haben, beruhen auf dem Zusammenwirken einer Vielzahl unterschiedlicher zugrunde liegender Technologien und Methoden. Einige dieser Technologien, wie die Transformer Architecture, haben zu einer signifikanten Steigerung der Leistungsfähigkeit geführt. Um die aktuelle Leistungsfähigkeit zu erreichen, ist jedoch eine Abstimmung aller verwendeten Technologien und Methoden erforderlich. Obwohl die erwähnten Leistungen und Forschungsanstrengungen beachtliche Fortschritte erkennen lassen, sind mit GAI nach wie vor zahlreiche kritische Herausforderungen verbunden, die es zu bewältigen gilt. Diese Herausforderungen betreffen sowohl technische Aspekte, wie beispielsweise die Vermeidung von Halluzinationen oder Biases, als auch gesellschaftliche Aspekte, wie die Vermeidung von Copyright-Verletzungen oder entstehende Konflikte am Arbeitsmarkt. Neben zukünftigen technischen Weiterentwicklungen, die eine weitere Steigerung der Leistungsfähigkeit von GAI zum Ziel haben, bestehen bereits einige Ansätze, die dazu beitragen können, offene Herausforderungen zu bewältigen. Zudem hat GAI bereits in vielen unterschiedlichen Domänen Anwendung gefunden, sodass sich diese auf weitere Fortschritte dieser Technologie vorbereiten müssen.

Eine dieser Domänen ist die Softwareentwicklung, wo GAI bereits entlang des gesamten SDLC Einsatz findet. GAI kann in sämtlichen sechs Phasen des SDLC eingesetzt werden, wobei sich die Forschungsstände jedoch unterscheiden. In einigen Phasen, wie der Entwicklungsphase, ist die Forschung fortgeschrittener als in anderen, wie der Entwurfsphase. Im gesamten Bereich wird die Forschung kontinuierlich vorangetrieben, wobei laufend neue Proof-of-Concepts entwickelt werden. Der Einsatz dieser neuen Technologien, die insbesondere Automatisierungspotenziale bieten, resultiert in veränderten Anforderungen an die Anwender*innen, die sich auf die Art und Weise auswirken, wie Software entwickelt wird. Aufgrund der Unsicherheit hinsichtlich zukünftiger Entwicklungen lässt sich nicht mit Sicherheit sagen, wie sich die Anforderungen weiterentwickeln werden. In jedem Fall ist es jedoch unerlässlich, einen korrekten Umgang mit GAI zu erlernen. Bei einer erfolgreichen Zusammenarbeit zwischen Mensch und AI können zahlreiche Vorteile generiert werden, welche eine teilweise Antwort auf die Forschungsfrage F1 liefern. Die Steigerung der Produktivität stellt dabei den primären Mehrwert dar. Weitere Vorteile, die sich ergeben, sind eine Steigerung der Qualität, mehr Freude an der Arbeit sowie eine vereinfachte Wissensaneignung.

Im Rahmen des praktischen Teils dieser Arbeit wurden empirische Daten zum aktuellen Einsatz von GAI in der Softwarebranche erhoben, um eine Einschätzung des Durchdringungsgrades abzuleiten. Die Konzeption des Fragebogens erfolgte auf Basis von fünf aus der Theorie abgeleiteten Hypothesen. Die empirisch gewonnenen Daten bestätigen die in der Literatur dargelegten Erkenntnisse, dass GAI bereits in sämtlichen Phasen des SDLC Einsatz findet. Insbesondere größere Unternehmen befassen sich aktiv mit GAI, etablieren eigene Organisationseinheiten für die Einführung dieser Technologie und erstellen Richtlinien für den Umgang damit. Die Nutzung und Auseinandersetzung mit GAI ist nicht unbegründet, denn die Befragten erkennen eine Vielzahl von Mehrwerten, die mit dem Einsatz von GAI einhergehen. Dabei steht die Produktivitätssteigerung an erster Stelle. Trotzdem fühlen sich die Befragten nach dem aktuellen Stand durch den Einsatz von GAI in ihrem Berufsfeld noch nicht bedroht. Anhand der erhobenen Daten wurden Durchdringungsgrade für die einzelnen Phasen des SDLC errechnet, um die Forschungsfrage F2 zu beantworten. Die Ergebnisse zeigen, starke Schwankungen in der Nutzung von GAI je nach Phase beobachtet werden können. Während die Integration in der Entwicklungs- oder Analysephase bereits weit vorangeschritten ist, befindet sich die Bereitstellungs- oder Wartungsphase noch am Anfang der Adaption. Die aufgestellten Hypothesen konnten größtenteils bestätigt werden, wie in Tabelle 8.1 ersichtlich ist. Eine wesentliche Einschränkung dieser Datenerhebung stellte die nicht zufällige Auswahl der Stichprobe dar, welche sich auf die Repräsentativität der Ergebnisse ausgewirkt haben könnte.

Hypothese	Ergebnis
H1: Je größer das Unternehmen, desto häufiger gibt es Regelungen und Organisationseinheiten, die sich mit dem Einsatz von GAI-Tools befassen.	Nullhypothese verworfen
H2: Je unerfahrener die Person in ihrem Berufsfeld ist, desto häufiger werden GAI-Tools eingesetzt.	Nullhypothese beibehalten
H3: GAI-Tools werden in den Phasen des SDLC unterschiedlich oft eingesetzt.	Nullhypothese verworfen
H4: Verschiedene Mehrwerte, die durch den Einsatz von GAI entstehen, werden unterschiedlich oft wahrgenommen.	Nullhypothese verworfen
H5: Je intensiver GAI-Tools eingesetzt werden, desto produktiver ist die Softwareentwicklung.	Nullhypothese verworfen

Tabelle 8.1: Hypothesen und Erbebnisse der Signifikanztests.

Unter Berücksichtigung der in der Literatur und in der empirischen Studien gewonnenen Erkenntnisse wurden Nutzungsempfehlungen für den Einsatz von GAI abgeleitet, die sich sowohl auf Unternehmen als auch auf Einzelpersonen beziehen. Die in der Literatur und in empirischen Daten dargelegten Erkenntnisse legen nahe, dass sich ein Einsatz dieser Tools als sinnvoll erweist, da eine erfolgreiche Integration eine Vielzahl von Mehrwerten generieren kann. Die Empfehlungen beziehen sich daher auf eine erfolgreiche Integration dieser Tools in den Arbeitsalltag und sind eine Antwort auf die Forschungsfrage F1. Darunter fallen Punkte wie das Schaffen eines allgemeinen Verständnisses für GAI, Maßnahmen zur Förderung der Akzeptanz, eine Tool-orientierte Herangehensweise sowie die Anpassung von Modellen an individuelle Bedürfnisse. Die Umsetzung dieser Empfehlungen kann dazu beitragen, den Einsatz von GAI in der Softwarebranche sowie in anderen Unternehmen erfolgreich zu gestalten.

Literatur

Agresti, A. (2012). *Categorical data analysis* (Bd. 792). John Wiley & Sons.

Ahmad, A., Waseem, M., Liang, P., Fahmideh, M., Aktar, M. S., & Mikkonen, T. (2023). Towards human-bot collaborative software architecting with chatgpt. *Proceedings of the 27th International Conference on Evaluation and Assessment in Software Engineering*, 279–285.

Albers, S., Klapper, D., Konradt, U., Walter, A., & Wolf, J. (2009). *Methodik der empirischen Forschung* (Bd. 3). Springer.

Arora, C., Grundy, J., & Abdelrazek, M. (2023). Advancing requirements engineering through generative ai: Assessing the role of llms. *arXiv preprint arXiv:2310.13976*.

Arulmohan, S., Meurs, M.-J., & Mosser, S. (2023). Extracting domain models from textual requirements in the era of large language models. *2023 ACM/IEEE International Conference on Model Driven Engineering Languages and Systems Companion (MODELS-C)*, 580–587.

Aydin, Ö., & Karaarslan, E. (2023). Is ChatGPT leading generative AI? What is beyond expectations? *Academic Platform Journal of Engineering and Smart Systems*, *11*(3), 118–134.

Banh, L., & Strobel, G. (2023). Generative artificial intelligence. *Electronic Markets*, *33*(1), 63.

Barr, E. T., Brun, Y., Devanbu, P., Harman, M., & Sarro, F. (2014). The plastic surgery hypothesis. *Proceedings of the 22nd ACM SIGSOFT International Symposium on Foundations of Software Engineering*, 306–317.

Bassil, Y. (2012). A simulation model for the waterfall software development life cycle. *arXiv preprint arXiv:1205.6904*.

Benediktsson, O., Dalcher, D., & Thorbergsson, H. (2006). Comparison of software development life cycles: a multiproject experiment. *IEE Proceedings-Software*, *153*(3), 87–101.

Bhuvaneswari, T., & Prabaharan, S. (2013). A survey on software development life cycle models. *International Journal of Computer Science and Mobile Computing*, *2*(5), 262–267.

Bommasani, R., Hudson, D. A., Adeli, E., Altman, R., Arora, S., von Arx, S., Bernstein, M. S., Bohg, J., Bosselut, A., Brunskill, E., et al. (2021). On the opportunities and risks of foundation models. *arXiv preprint arXiv:2108.07258*.

Budgen, D. (2003). *Software design*. Pearson Education.

Calegario, F., Burégio, V., Erivaldo, F., Andrade, D. M. C., Felix, K., Barbosa, N., Lucena, P. L. d. S., & França, C. (2023). Exploring the intersection of Generative AI and Software Development. *arXiv preprint arXiv:2312.14262*.

Cao, Y., Li, S., Liu, Y., Yan, Z., Dai, Y., Yu, P. S., & Sun, L. (2023). A comprehensive survey of ai-generated content (aigc): A history of generative ai from gan to chatgpt. *arXiv preprint arXiv:2303.04226*.

Carzaniga, A., Fuggetta, A., Hall, R. S., Heimbigner, D., Van Der Hoek, A., & Wolf, A. L. (1998). *A characterization framework for software deployment technologies*

(Techn. Ber.). Technical Report CU-CS-857-98, Dept. of Computer Science, University of Colorado.

Chen, M., Tworek, J., Jun, H., Yuan, Q., Pinto, H. P. d. O., Kaplan, J., Edwards, H., Burda, Y., Joseph, N., Brockman, G., et al. (2021). Evaluating large language models trained on code. *arXiv preprint arXiv:2107.03374*.

Chui, M., Hazan, E., Roberts, R., Singla, A., & Smaje, K. (2023). The economic potential of generative AI.

Coutinho, M., Marques, L., Santos, A., Dahia, M., Franca, C., & Santos, R. d. S. (2024). The Role of Generative AI in Software Development Productivity: A Pilot Case Study. *arXiv preprint arXiv:2406.00560*.

Daun, M., & Brings, J. (2023). How chatgpt will change software engineering education. *Proceedings of the 2023 Conference on Innovation and Technology in Computer Science Education V. 1*, 110–116.

Dearle, A. (2007). Software deployment, past, present and future. *Future of Software Engineering (FOSE'07)*, 269–284.

Denny, P., Prather, J., Becker, B. A., Finnie-Ansley, J., Hellas, A., Leinonen, J., Luxton-Reilly, A., Reeves, B. N., Santos, E. A., & Sarsa, S. (2024). Computing education in the era of generative AI. *Communications of the ACM*, *67*(2), 56–67.

Doersch, C. (2016). Tutorial on variational autoencoders. *arXiv preprint arXiv:1606.05908*.

Du, X., Liu, M., Wang, K., Wang, H., Liu, J., Chen, Y., Feng, J., Sha, C., Peng, X., & Lou, Y. (2024). Evaluating large language models in class-level code generation. *Proceedings of the IEEE/ACM 46th International Conference on Software Engineering*, 1–13.

Ebert, C., & Louridas, P. (2023). Generative AI for Software Practitioners.

Fan, A., Gokkaya, B., Harman, M., Lyubarskiy, M., Sengupta, S., Yoo, S., & Zhang, J. M. (2023). Large language models for software engineering: Survey and open problems. *arXiv preprint arXiv:2310.03533*.

Feuerriegel, S., Hartmann, J., Janiesch, C., & Zschech, P. (2024). Generative ai. *Business & Information Systems Engineering*, *66*(1), 111–126.

Fowler, M. (2018). *Refactoring: improving the design of existing code*. Addison-Wesley Professional.

Fui-Hoon Nah, F., Zheng, R., Cai, J., Siau, K., & Chen, L. (2023). Generative AI and ChatGPT: Applications, challenges, and AI-human collaboration.

Goodfellow, I., Pouget-Abadie, J., Mirza, M., Xu, B., Warde-Farley, D., Ozair, S., Courville, A., & Bengio, Y. (2020). Generative adversarial networks. *Communications of the ACM*, *63*(11), 139–144.

Goyal, M., Varshney, S., & Rozsa, E. (2023, März). What is generative AI, what are foundation models, and why do they matter? - IBM Blog [(Accessed on 04/10/2024)].

Grubb, P., & Takang, A. A. (2003). *Software maintenance: concepts and practice*. World Scientific.

Hausi A, M., Litoiu, M., Rivera, L. F., Rasolroveicy, M., Villegas, N. M., Tamura, G., Watts, I., Erpenbach, E., & Shwartz, L. (2023). Proactive Continuous Operations using Large Language Models (LLMs) and AIOps. *Proceedings of the 33rd Annual International Conference on Computer Science and Software Engineering*, 198–199.

Heigl, K. (2024, März). EU-Parlament hat den AI Act verabschiedet - KPMG Austria [(Accessed on 04/21/2024)].

Heston, T. F., & Khun, C. (2023). Prompt engineering in medical education. *International Medical Education*, *2*(3), 198–205.

Hindle, A., Barr, E. T., Gabel, M., Su, Z., & Devanbu, P. (2016). On the naturalness of software. *Communications of the ACM*, *59*(5), 122–131.

Hogg, R. V., & Tanis, E. A. (2001). *Probability and statistical inference* (Bd. 13). Prentice Hall Upper Saddle River, NJ.

Houde, S., Ross, S. I., Muller, M., Agarwal, M., Martinez, F., Richards, J., Talamadupula, K., & Weisz, J. D. (2022). Opportunities for generative AI in UX modernization. *Joint International Conference on Intelligent User Interfaces Workshops: APEx-UI, HAI-GEN, HEALTHI, HUMANIZE, TExSS, SOCIALIZE*.

Hsiao, S. (2024, Februar). Bard heißt jetzt Gemini: Freut euch auf Ultra 1.0 und die neue App [(Accessed on 09/04/2024)].

Huang, Y., Chen, Y., Chen, X., Chen, J., Peng, R., Tang, Z., Huang, J., Xu, F., & Zheng, Z. (2024). Generative Software Engineering. *arXiv preprint arXiv:2403.02583*.

Izadi, M., Katzy, J., Van Dam, T., Otten, M., Popescu, R. M., & Van Deursen, A. (2024). Language Models for Code Completion: A Practical Evaluation. *Proceedings of the IEEE/ACM 46th International Conference on Software Engineering*, 1–13.

Jovanovic, M., & Campbell, M. (2022). Generative artificial intelligence: Trends and prospects. *Computer*, *55*(10), 107–112.

Kanbach, D. K., Heiduk, L., Blueher, G., Schreiter, M., & Lahmann, A. (2023). The GenAI is out of the bottle: generative artificial intelligence from a business model innovation perspective. *Review of Managerial Science*, 1–32.

Kanji, G. K. (2006). 100 statistical tests.

Kenthapadi, K., Lakkaraju, H., & Rajani, N. (2023). Generative ai meets responsible ai: Practical challenges and opportunities. *Proceedings of the 29th ACM SIGKDD Conference on Knowledge Discovery and Data Mining*, 5805–5806.

Kühnapfel, J. B. (2014). *Nutzwertanalysen in Marketing und Vertrieb*. Springer.

Lanciano, G., Stein, M., Hilt, V., Cucinotta, T., et al. (2023). Analyzing Declarative Deployment Code with Large Language Models. *CLOSER*, *2023*, 289–296.

Leite, L., Rocha, C., Kon, F., Milojicic, D., & Meirelles, P. (2019). A survey of DevOps concepts and challenges. *ACM Computing Surveys (CSUR)*, *52*(6), 1–35.

Li, J., Cao, H., Lin, L., Hou, Y., Zhu, R., & El Ali, A. (2024). User experience design professionals' perceptions of generative artificial intelligence. *Proceedings of the CHI Conference on Human Factors in Computing Systems*, 1–18.

Lim, W. M., Gunasekara, A., Pallant, J. L., Pallant, J. I., & Pechenkina, E. (2023). Generative AI and the future of education: Ragnarök or reformation? A paradoxical perspective from management educators. *The international journal of management education*, *21*(2), 100790.

LimeSurvey. (n. d.). LimeSurvey — Free Online Survey Tool [(Accessed on 07/01/2024)].

Liu, V., & Chilton, L. B. (2022). Design guidelines for prompt engineering text-to-image generative models. *Proceedings of the 2022 CHI Conference on Human Factors in Computing Systems*, 1–23.

Liu, Y., Yang, Z., Yu, Z., Liu, Z., Liu, D., Lin, H., Li, M., Ma, S., Avdeev, M., & Shi, S. (2023). Generative artificial intelligence and its applications in materials science: Current situation and future perspectives. *Journal of Materiomics*.

Liu, Y., Pei, C., Xu, L., Chen, B., Sun, M., Zhang, Z., Sun, Y., Zhang, S., Wang, K., Zhang, H., et al. (2023). OpsEval: A Comprehensive Task-Oriented AIOps Benchmark for Large Language Models. *arXiv preprint arXiv:2310.07637*.

Maranhão, J. J., Correia, F. F., & Guerra, E. M. (2023, Juni). *Can ChatGPT suggest patterns? An exploratory study about answers given by AI-assisted tools to design problems.* (Techn. Ber.). Technical Report CU-CS-857-98, Dept. of Computer Science, University of Colorado.

Martínez, G., Watson, L., Reviriego, P., Hernández, J. A., Juarez, M., & Sarkar, R. (2023). Towards understanding the interplay of generative artificial intelligence and the Internet. *International Workshop on Epistemic Uncertainty in Artificial Intelligence*, 59–73.

Mehta, D., Rawool, K., Gujar, S., & Xu, B. (2023). Automated DevOps Pipeline Generation for Code Repositories using Large Language Models. *arXiv preprint arXiv:2312.13225*.

Mishra, A., & Dubey, D. (2013). A comparative study of different software development life cycle models in different scenarios. *International Journal of Advance research in computer science and management studies*, *1*(5).

Naveed, H., Khan, A. U., Qiu, S., Saqib, M., Anwar, S., Usman, M., Akhtar, N., Barnes, N., & Mian, A. (2023). A comprehensive overview of large language models. *arXiv preprint arXiv:2307.06435*.

Nguyen, T. T., Vu, P. M., Pham, H. V., & Nguyen, T. T. (2018). Deep learning UI design patterns of mobile apps. *Proceedings of the 40th International Conference on Software Engineering: New Ideas and Emerging Results*, 65–68.

Nguyen-Duc, A., Cabrero-Daniel, B., Przybylek, A., Arora, C., Khanna, D., Herda, T., Rafiq, U., Melegati, J., Guerra, E., Kemell, K.-K., et al. (2023). Generative Artificial Intelligence for Software Engineering–A Research Agenda. *arXiv preprint arXiv:2310.18648*.

Ooi, K.-B., Tan, G. W.-H., Al-Emran, M., Al-Sharafi, M. A., Capatina, A., Chakraborty, A., Dwivedi, Y. K., Huang, T.-L., Kar, A. K., Lee, V.-H., et al. (2023). The potential of generative artificial intelligence across disciplines: Perspectives and future directions. *Journal of Computer Information Systems*, 1–32.

OpenAI [(Accessed on 04/10/2024)]. (2024).

Österreich, W. (2023, November). Klein- und Mittelbetriebe in Österreich - WKO [(Accessed on 07/07/2024)].

Ozkaya, I. (2023). Application of large language models to software engineering tasks: Opportunities, risks, and implications. *IEEE Software*, *40*(3), 4–8.

Peres, R., Schreier, M., Schweidel, D., & Sorescu, A. (2023). On ChatGPT and beyond: How generative artificial intelligence may affect research, teaching, and practice.

Petersen, K., Wohlin, C., & Baca, D. (2009). The waterfall model in large-scale development. *Product-Focused Software Process Improvement: 10th International Conference, PROFES 2009, Oulu, Finland, June 15-17, 2009. Proceedings 10*, 386–400.

Petrović, N. (2023). Machine learning-based run-time DevSecOps: ChatGPT against traditional approach. *2023 10th International Conference on Electrical, Electronic and Computing Engineering (IcETRAN)*, 1–5.

Petrovska, O., Clift, L., Moller, F., & Pearsall, R. (2024). Incorporating Generative AI into Software Development Education. *Proceedings of the 8th Conference on Computing Education Practice*, 37–40.

Pichai, S. (2023, Februar). An important next step on our AI journey [(Accessed on 04/10/2024)].

Poldrack, R. A., Lu, T., & Beguš, G. (2023). AI-assisted coding: Experiments with GPT-4. *arXiv preprint arXiv:2304.13187*.

Pothukuchi, A. S., Kota, L. V., & Mallikarjunaradhya, V. (2023). IMPACT OF GENERATIVE AI ON THE SOFTWARE DEVELOPMENT LIFE CYCLE (SDLC). *International Journal of Creative Research Thoughts*, *11*(8).

Prakash, M. (2024). *Role of Generative AI tools (GAITs) in Software Development Life Cycle (SDLC)-Waterfall Model* [Diss., Massachusetts Institute of Technology].

Pujar, S., Buratti, L., Guo, X., Dupuis, N., Lewis, B., Suneja, S., Sood, A., Nalawade, G., Jones, M., Morari, A., et al. (2023). Automated code generation for information technology tasks in yaml through large language models. *2023 60th ACM/IEEE Design Automation Conference (DAC)*, 1–4.

Rajbhoj, A., Somase, A., Kulkarni, P., & Kulkarni, V. (2024). Accelerating Software Development Using Generative AI: ChatGPT Case Study. *Proceedings of the 17th Innovations in Software Engineering Conference*, 1–11.

Russo, D. (2024). Navigating the complexity of generative ai adoption in software engineering. *ACM Transactions on Software Engineering and Methodology*.

Sætra, H. S. (2023). Generative AI: Here to stay, but for good? *Technology in Society*, *75*, 102372.

Sammut-Bonnici, T., & Galea, D. (2015). SWOT analysis. *Wiley Encyclopedia of management*, 1–8.

Sauvola, J., Tarkoma, S., Klemettinen, M., Riekki, J., & Doermann, D. (2024). Future of software development with generative AI. *Automated Software Engineering*, *31*(1), 26.

Schmidt, A. (2023). Speeding Up the Engineering of Interactive Systems with Generative AI. *Companion Proceedings of the 2023 ACM SIGCHI Symposium on Engineering Interactive Computing Systems*, 7–8.

Song, Y., Durkan, C., Murray, I., & Ermon, S. (2021). Maximum likelihood training of score-based diffusion models. *Advances in neural information processing systems*, *34*, 1415–1428.

Srivatsa, K. G., Mukhopadhyay, S., Katrapati, G., & Shrivastava, M. (2024). A Survey of using Large Language Models for Generating Infrastructure as Code. *arXiv preprint arXiv:2404.00227*.

Stokel-Walker, C., & Van Noorden, R. (2023). The promise and peril of generative AI. *Nature*, *614*(1), 214–216.

Talton, J., Yang, L., Kumar, R., Lim, M., Goodman, N., & Měch, R. (2012). Learning design patterns with bayesian grammar induction. *Proceedings of the 25th annual ACM symposium on User interface software and technology*, 63–74.

Thormundsson, B. (2024, Februar). Power use in training LLMs 2022 | Statista [(Accessed on 09/08/2024)].

Töpfer, A. (2012). *Erfolgreich Forschen: Ein Leitfaden für Bachelor-, Master-Studierende und Doktoranden*. Springer-Verlag.

Ulfsnes, R., Moe, N. B., Stray, V., & Skarpen, M. (2024). Transforming Software Development with Generative AI: Empirical Insights on Collaboration and Workflow. *arXiv preprint arXiv:2405.01543*.

UrhG. (2024, April). UrhG., Fassung vom 22.04.2024 [(Accessed on 04/22/2024)].

Europäische Kommission. (2024, August). KI-Gesetz | Gestaltung der digitalen Zukunft Europas [(Accessed on 04/21/2024)].

Vaswani, A., Shazeer, N., Parmar, N., Uszkoreit, J., Jones, L., Gomez, A. N., Kaiser, Ł., & Polosukhin, I. (2017). Attention is all you need. *Advances in neural information processing systems, 30*.

Wang, J., Liu, Z., Zhao, L., Wu, Z., Ma, C., Yu, S., Dai, H., Yang, Q., Liu, Y., Zhang, S., et al. (2023). Review of large vision models and visual prompt engineering. *Meta-Radiology*, 100047.

Wang, J., Huang, Y., Chen, C., Liu, Z., Wang, S., & Wang, Q. (2024). Software testing with large language models: Survey, landscape, and vision. *IEEE Transactions on Software Engineering*.

White, J., Fu, Q., Hays, S., Sandborn, M., Olea, C., Gilbert, H., Elnashar, A., Spencer-Smith, J., & Schmidt, D. C. (2023). A prompt pattern catalog to enhance prompt engineering with chatgpt. *arXiv preprint arXiv:2302.11382*.

Wien, S. (2023, Juli). Energie! voraus - Energiebericht der Stadt Wien.

Yu, H., & Guo, Y. (2023). Generative artificial intelligence empowers educational reform: current status, issues, and prospects. *Frontiers in Education*, *8*, 1183162.

Yu, Z., Ma, M., Zhang, C., Qin, S., Kang, Y., Bansal, C., Rajmohan, S., Dang, Y., Pei, C., Pei, D., et al. (2024). MonitorAssistant: Simplifying Cloud Service Monitoring via Large Language Models.

Zhang, Q., Zhang, T., Zhai, J., Fang, C., Yu, B., Sun, W., & Chen, Z. (2023). A critical review of large language model on software engineering: An example from chatgpt and automated program repair. *arXiv preprint arXiv:2310.08879*.

Zhao, W. X., Zhou, K., Li, J., Tang, T., Wang, X., Hou, Y., Min, Y., Zhang, B., Zhang, J., Dong, Z., et al. (2023). A survey of large language models. *arXiv preprint arXiv:2303.18223*.

Zhou, X., Zhang, T., & Lo, D. (2024). Large language model for vulnerability detection: Emerging results and future directions. *Proceedings of the 2024 ACM/IEEE 44th International Conference on Software Engineering: New Ideas and Emerging Results*, 47–51.

Zhu, B., Jordan, M., & Jiao, J. (2023). Principled reinforcement learning with human feedback from pairwise or k-wise comparisons. *International Conference on Machine Learning*, 43037–43067.

Ziegler, A., Kalliamvakou, E., Li, X. A., Rice, A., Rifkin, D., Simister, S., Sittampalam, G., & Aftandilian, E. (2022). Productivity assessment of neural code completion. *Proceedings of the 6th ACM SIGPLAN International Symposium on Machine Programming*, 21–29.

Anhang

Fragebogen

LimeSurvey

Teil A: Demografische Daten

A1. Wie alt sind Sie?

- unter 18 ☐
- 18-24 ☐
- 25-34 ☐
- 35-44 ☐
- 45-59 ☐
- älter als 60 ☐

A2. In welchem Unternehmen arbeiten Sie? (Diese Angabe ist formfrei. Wenn Sie in keinem Unternehmen beschäftigt sind, tragen Sie bitte "Keines" ein.)

A3. Wie viele Mitarbeiter hat das Unternehmen, in dem Sie arbeiten? (Wenn Sie in keinem Unternehmen beschäftigt sind, bitte "Keine Antwort" verwenden.)

- Unter 10 ☐
- 11 - 50 ☐
- 51 - 100 ☐
- 101 - 500 ☐
- 501 - 1000 ☐
- Mehr als 1000 ☐

A4. In welcher Phase des Software Development Life Cycles sind Sie tätig?

- Analysis ☐
- Design ☐
- Development ☐
- Testing ☐
- Deployment ☐
- Maintenance ☐
- In keiner der Phasen ☐

A5. Wie schätzen Sie Ihr Erfahrungslevel in Ihrem Berufsfeld ein?

- Unerfahren ☐
- Mäßig erfahren ☐
- Durchschnittlich ☐
- Erfahren ☐
- Sehr erfahren ☐
- Weiß ich nicht ☐

Teil B: Einsatz von generativer KI

B1. Gibt es bei Ihnen im Unternehmen Regeln, die den Einsatz von generativer KI verbieten?

- Ja ☐
- Nein ☐
- Weiß ich nicht ☐

B2. Wie ist Ihre Einstellung gegenüber dieser Regelung, die generative KI verbietet?

- Erachte ich für sinnvoll ☐
- Der Einsatz von KI sollte teilweise erlaubt werden ☐
- Der Einsatz von KI sollte ohne Einschränkungen erlaubt werden ☐
- Neutral ☐
- Weiß ich nicht ☐

B3. Gibt es in Ihrem Unternehmen eine eigene Organisationseinheit bzw. Task-Force, die sich mit der Einführung von generativen KI Tools beschäftigt?

- Ja ☐
- Nein ☐
- Weiß ich nicht ☐

B4. Gibt es in Ihrem Unternehmen definierte Regeln für den Einsatz von generativen KI Tools?

- Ja ☐
- Nein ☐
- Weiß ich nicht ☐

B5. Wie häufig verwenden Sie generative KI Tools am Arbeitsplatz?

- Nie ☐
- Selten ☐
- Regelmäßig ☐
- Sehr oft ☐
- Ständig ☐

B6. In welcher Phase des Software Development Life Cycles verwenden Sie generative KI Tools zur Unterstützung?

- Analysis ☐
- Design ☐
- Development ☐
- Testing ☐
- Deployment ☐
- Maintenance ☐

B7. Welche generativen KI Tools setzen Sie in der Analysis-Phase ein?

- ChatGPT ☐
- Gemini ☐
- Atlassian Jira (mit Atlassian Intelligence) ☐
- Aqua ☐
- Freehand AI ☐

Sonstiges

Sonstiges

B8. Wofür setzen Sie generative KI in der Analysis-Phase ein?

- [ ] Erstellung von Anforderungen
- [ ] Spezifizierung von Anforderungen
- [ ] Analyse von Anforderungen
- [ ] Verifikation und Validierung von Anforderungen
- [ ] Sonstiges

Sonstiges

B9. Welche generativen KI Tools setzen Sie in der Design-Phase ein?

- [ ] ChatGPT
- [ ] Gemini
- [ ] Figma KI
- [ ] uizard
- [ ] Canva
- [ ] DALL-E
- [ ] Sonstiges

Sonstiges

B10. Wofür setzen Sie generative KI in der Design-Phase ein?

- [ ] Planung der Systemarchitektur
- [ ] Planung des UI/UX-Designs
- [ ] Sonstiges

Sonstiges

LimeSurvey

B11. Welche generativen KI Tools setzen Sie in der Development-Phase ein?

- ChatGPT ☐
- Gemini ☐
- GitHub Copilot ☐
- Tabnine ☐
- Amazon Q Developer ☐
- codeium ☐
- Mintlify ☐
- Sonstiges ☐

Sonstiges

B12. Wofür setzen Sie generative KI in der Development-Phase ein?

- Code-Generierung ☐
- Code-Vervollständigung ☐
- Erstellen von Dokumentationen ☐
- Arbeiten mit bestehender Codebasis (z.B. Refactoring) ☐
- Generierung von Grundstrukturen ☐
- Übersetzung zwischen Programmiersprachen ☐
- Rubber Ducking ☐
- Sonstiges ☐

Sonstiges

B13. Welche generativen KI Tools setzen Sie in der Testing-Phase ein?

- ChatGPT ☐
- Gemini ☐
- GitHub Copilot ☐
- Katalon ☐
- Tricentis Tools ☐
- Eggplant Test ☐
- Sonstiges ☐

Sonstiges

B14. Wofür setzen Sie generative KI in der Testing-Phase ein?

- Unit-Test-Generierung ☐
- Testoptimierung ☐
- Test-Input-Generierung ☐
- Analysen (z.B. von Bugs) ☐
- Leistungstest-Generierung ☐
- Sonstiges ☐

Sonstiges

B15. Welche generativen KI Tools setzen Sie in der Deployment-Phase ein?

- ChatGPT ☐
- Gemini ☐
- GitHub Copilot ☐
- Kubiya ☐
- PagerDuty ☐
- harness ☐
- Sonstiges ☐

Sonstiges

B16. Wofür setzen Sie generative KI in der Deployment-Phase ein?

- Pipeline-Generierung ☐
- Code-Generierung von IaC ☐
- Deployment-Code Analysen ☐
- Fehlererkennung und Lösungsgenerierung ☐
- Sonstiges ☐

Sonstiges

B17. Welche generativen KI Tools setzen Sie in der Maintenance-Phase ein?

- ChatGPT ☐
- Gemini ☐
- Amazon CodeGuru ☐
- Snyk ☐

LimeSurvey

dynatrace Davis KI ☐
Figstack ☐
Sonstiges ☐

Sonstiges

B18. Wofür setzen Sie generative KI in der Maintenance-Phase ein?

Automatische Reparaturen ☐
Leistungsverbesserung ☐
Code-Refactoring ☐
Systemüberwachung ☐
System-Verständnis fördern ☐
Sonstiges ☐

Sonstiges

B19. Für welche Phasen des Software Development Life Cycles würde Sie den Einsatz von generativen KI Tools weiterempfehlen?

Analysis ☐
Design ☐
Development ☐
Testing ☐
Deployment ☐
Maintenance ☐

B20. Welche Mehrwerte ergeben sich durch den Einsatz von generativen KI Tools für Sie?

Steigerung der Produktivität ☐
Steigerung der Qualität ☐
Mehr Freude und Motivation an der Arbeit ☐
Einfachere Wissensaneigung ☐
Sonstiges ☐

Sonstiges

B21. Wie stark hat sich Ihre Produktivität durch den Einsatz von generativen KI Tools verbessert?

- Geringfügig verbessert ☐
- Moderat verbessert ☐
- Deutlich verbessert ☐
- Stark verbessert ☐
- Sehr stark verbessert ☐

B22. Fühlen Sie sich durch die zunehmende Verbreitung von generativen KI Tools in Ihrer Arbeit bedroht, dass diese Tools Ihre Arbeit ersetzen könnten?

- Ja ☐
- Nein ☐
- Sie können meine Arbeit ergänzen, aber nicht ersetzen ☐
- Ich weiß nicht ☐

MIX
Papier | Fördert gute Waldnutzung
FSC® C083411

Kolibri 360 GmbH
Ferdinand-Jühlke-Straße 7
99095 Erfurt, Deutschland
produktsicherheit@kolibri360.de

Druck:
CPI Druckdienstleistungen GmbH
im Auftrag der
Kolibri 360 GmbH
Ferdinand-Jühlke-Str. 7
99095 Erfurt